AF545405

O.W. BARTH

JEFF SHORE

Der Weg beginnt unter deinen Füßen

ZEN FÜR DAS MODERNE LEBEN

Übersetzt und herausgegeben von
Sabine Beyreuther, Bernhard Kleinschmidt,
Jeannette Stowasser und Michael Walter

O.W. BARTH

Besuchen Sie uns im Internet:
www.ow-barth.de

Ein Imprint der Verlagsgruppe
Droemer Knaur GmbH & Co. KG, München

Covergestaltung: ZERO Werbeagentur, München
Coverabbildung: © FinePic / shutterstock
Illustration im Innenteil: Lina Lisichka / Shutterstock.com
Satz: Sandra Hacke
Druck und Bindung: CPI books GmbH, Leck
ISBN 978-3-426-29283-9

2 4 5 3 1

INHALT

VORWORT

Wonach suchst du? Nach einer Antwort auf die Frage des Lebens? Und wo glaubst du sie zu finden? In diesem Buch?

Nein, auch Jeff Shore wird dir die Antwort nicht verraten – doch dafür gibt er dir einen Fingerzeig in die richtige Richtung: Das Leben hat dich schon längst gefunden, jetzt liegt es an dir, dich seiner Frage zu stellen. Der Weg beginnt hier, unter deinen Füßen, und es liegt an dir, einen und dann den nächsten Schritt zu tun!

Zum ersten Mal bin ich Jeff Anfang der 90er-Jahre in Kyoto bei einer Zen-Sitzung der FAS-Gesellschaft, einer Vereinigung praktizierender Laien, begegnet. Die Runde bestand aus einer Handvoll meist älterer japanischer Herrschaften, an weibliche Teilnehmende kann ich mich nicht erinnern. Eine Besonderheit der FAS-Gesellschaft, die sich an Samstagnachmittagen traf, war, dass sich die Teilnehmer nach dem Zazen zusammensetzten, um – ganz unzennig – zu diskutieren. Eine Tradition, die aus der Zeit des Gründers Hisamatsu Shin'ichi stammte, der ein bekannter Zen-Philosoph war. Mir fiel auf, dass außer mir noch ein weiterer Westler in der Runde saß, der sich in fließendem Japanisch an der Diskussion beteiligte. Später stellte er sich mir als Jeff Shore vor. Da ich meine Zeit in Kyoto dazu nutzen wollte, möglichst vielen authentischen Zen-Meistern zu begegnen, fragte ich ihn, ob er mir einen Tipp geben könne. Jeffs Antwort: »Wenn es Rinzai sein soll, geh zu Shōdō Harada nach Okayama. Interessierst du dich für Soto, geh zu Sekkei Harada nach Obama.«

Diesem Rat folgte ich nicht, stieß dafür jedoch später auf den Antai-ji, ein kleines, sich selbst mit Lebensmitteln versorgendes Soto-Kloster tief in den Bergen am Japanischen Meer.

Nach drei Jahren empfahl mir einer meiner japanischen Klosterbrüder, ein Jahr im Tōfuku-ji in Kyoto zu verbringen, wo der Rinzai-Meister Keidō Fukushima unterrichtete. So bekam ich die für Soto-Mönche seltene Gelegenheit, Koans im Kontext des Tagesablaufs eines authentischen Rinzai-Klosters zu praktizieren.

Der Leser wird sich vorstellen können, wie überrascht ich war, als ich eines Abends Jeff auf dem Kissen neben mir sitzen sah! Er, der mich nach Okayama hatte schicken wollen, war schon lange Jahre ein Laienschüler von Fukushima gewesen.

In diesem Buch präsentiert Jeff seine Zen-Erfahrungen, bereichert durch seine jahrelange Übersetzertätigkeit für Fukushima Roshi und seine Lehrtätigkeit als Professor für Zen in der modernen Welt an der Hanazono-Universität in Kyoto. Dieses Buch ist gleichermaßen tiefgründig, direkt und klar. Jeff begnügt sich nicht mit einer akademischen Analyse, sondern konfrontiert uns mit unseren eigenen Fragen. Allerdings, und das ist wichtig, kann auch der beste Meister seinen Schülern den Weg nicht abnehmen. Jeder muss sich seiner ureigenen Frage selbst stellen. Nutzt dieses Buch daher, um zum Kern dieser Frage vorzudringen, der Frage eures Lebens in diesem Augenblick!

Muhō Nölke, Abt des Klosters Antai-ji (Hyōgo-ken, Japan)

TEIL EINS

Schritte auf dem Weg

1

DER WEG ZUM EINS-SEIN

Der »eine Geist«

In jeder authentischen religiösen Tradition geht es darum, zum Kern der spirituellen Übung, zum Wesen des Menschseins zu gelangen.

Darum geht es auch beim Zen, aber denkt daran: Es steht euch frei, von dem, was hier steht, Gebrauch zu machen oder nicht. Wenn ihr es hilfreich findet, gut. Wenn nicht, weg damit!

Die Körperhaltung

Warum sitzen wir beim Zazen eigentlich in einer bestimmten Haltung? Warum verknoten wir unsere Beine, sitzen Stunde um Stunde mit geradem Rücken da und konzentrieren uns auf unseren Atem?

Klar wird das, sobald wir es tun, denn Zazen ist nicht nur eine geistige, sondern auch eine körperliche Übung. Es beansprucht unser ganzes Wesen. Allen, die in der vollen Lotoshaltung sitzen oder sie sich behutsam durch Dehnübungen und Yoga aneignen können, empfehle ich sie sehr. Sie beruhigt und sammelt Körper, Atem und Gedanken. Sie ist eine uralte Körperhaltung, in der man schon vor Buddha Gautama geübt hat.

Allerdings hat jeder von uns einen anderen Körper und eine bestimmte Lebensweise. Wer nicht mit gekreuzten Beinen sitzen kann, hat viele Alternativen. Experimentiert mit verschiedenen Haltungen und lernt von eurem Körper, was gut für ihn ist. Es kommt nicht so sehr darauf an, was man mit den Beinen macht, als darauf, den Rücken auf natürliche Weise aufzurichten. Sitzt aber nicht steif wie ein Zaunpfahl da, sondern folgt der natürlichen S-Form der Wirbelsäule und verankert das Gesäß fest auf der Unterlage. Wenn der Rücken gerade ist, kann Zazen auch auf einem Stuhl oder einem Bänkchen geübt werden.

Sich selbst ergründen

Knapp ausgedrückt besteht die buddhistische Praxis darin, sich selbst zu ergründen. Es geht darum, zu dem, was wir unser Selbst nennen, vorzudringen und es zu durchschauen – also nicht darüber nachzudenken, ihm nachzuspüren oder tiefsinnige Vorstellungen davon zu entwickeln, sondern wirklich auf dessen Grund zu gelangen. Was befindet sich dort? Geht hin und findet es heraus! Es ist die vollkommene und endgültige Befreiung, die im Buddhismus als Erwachen bezeichnet wird.

Dazu ist es nicht nötig, irgendwo anders hinzugehen oder einen transzendenten, glückseligen Geisteszustand zu erfahren. Jeder von uns hat hier und jetzt bereits alles, was er braucht. Ein Lehrer ist dazu genauso wenig notwendig wie irgendwelche Bücher. Der Überlieferung zufolge saß Buddha Gautama unter dem Bodhi-Baum, um zum Grund seines Selbst vorzustoßen. Das hat er ganz alleine getan, und hier – nicht in irgendwelchen Lehren oder Dogmen – liegt das Fundament buddhistischer Praxis.

Der Buddha tat nichts anderes als das, was auch wir hier und jetzt tun können: uns selbst auf den Grund gehen. Ihr spürt doch, dass ihr ein Selbst besitzt, nicht wahr? Dann habt ihr schon mehr als genug. Geht eurem Selbst nur ein einziges Mal wirklich auf den Grund! Wenn ihr wisst, wer ihr wirklich seid, könnt ihr das lebendig werden lassen. Denn in gewissem Sinne ist es mindestens genauso wichtig wie das Erwachen selbst, diese Erfahrung in jedem Aspekt unseres Lebens zu verwirklichen.

Eins mit jedem Atemzug

Wie gelingt uns das praktisch? Ein ganz natürlicher Einstieg ist die Konzentration auf den Atem. Körper und Geist auf diese Weise in Einklang zu bringen, ist eine schlichte, einfache Methode. Normalerweise sind wir uns dessen nicht bewusst, dass wir atmen. Doch in vielen Meditationstechniken geht es darum, sich auf den Atem zu konzentrieren und ihn achtsam wahrzunehmen. Versucht es! Das braucht Zeit, Geduld und Entschlossenheit. Aber wenn ihr dabei bleibt, wird die Übung schließlich beständig sein. Sie muss dann nicht mehr bewusst begonnen und aufrechterhalten werden und wird auch nicht auf die Zeit der Meditation beschränkt bleiben.

In der modernen Zen-Praxis wird anfangs oft geraten, beim Ausatmen zu zählen. Es gibt zwei Methoden dieser

Atemmeditation. Bei der einen wird jedes Ausatmen gezählt. Man beginnt mit »eins«, beim nächsten Ausatmen zählt man »zwei«, und so geht es weiter bis »zehn«. Ist man bei zehn angekommen, kehrt man zur Eins zurück und fängt mit dem Zählen von vorne an. Merkt man, dass man gedanklich abgeschweift ist, beginnt man einfach wieder mit »eins«.

Bei der anderen Methode seid ihr bei jedem Ausatmen einfach: *»Eiiiins«*. Zuerst könnt ihr euch die Zahl bildlich vorstellen oder lautlos formulieren, um die Konzentration aufrechtzuerhalten. Irgendwann jedoch sollten kein Bild und keine Spur mehr davon übrig bleiben, nur dieses *»Eiiiins«*, das sich selbst atmet, sodass aus dem Sein im Atmen ein umfassender Zustand des Eins-Seins entsteht.

Ihr werdet feststellen, dass dieser Zustand sich auch dann ergibt, während ihr euch mit den unterschiedlichsten Dingen beschäftigt. Wenn ihr euch schlafen legt, lasst dieses »Eins« ganz sanft unterhalb eures Nabels einsinken. Irgendwann merkt ihr, dass ihr es nicht wieder wecken müsst, sobald ihr aufwacht. Es wird schon da sein, bevor ein einziger Gedanke entsteht.Beide Methoden haben ihre Vor- und Nachteile. Von eins bis zehn zu zählen, kann die Vorstellung entstehen lassen, dass man irgendetwas erreichen will, also zu einem Ziel unterwegs ist. Das kann die Übung beeinträchtigen. Die Alternative ist, mit jedem Ausatmen einfach eins zu sein. So braucht man sich nicht darum zu kümmern, zur Zehn zu gelangen.

Es könnte sich jedoch herausstellen, dass die Praxis an Schärfe verliert, wenn man sich ständig nur auf »eins« konzentriert. Dann wirkt das Eins-Sein womöglich ein wenig verschwommen und verträumt. Wenn dies geschieht, zählt man besser von eins bis zehn; das kann dabei helfen, konzentriert und wach zu bleiben.

Beide Methoden haben ihren Wert. Hier im Westen reicht es meiner Meinung nach jedoch im Allgemeinen aus, einfach zu atmen und eins zu sein, solange die Übung nicht unscharf und schal wird. Experimentiert eine Zeit lang, seid geduldig und findet heraus, was für euch passt. Vielleicht ist es ja manchmal am sinnvollsten, von eins bis zehn zu zählen, und manchmal ist es besser, einfach eins zu sein.

Einfache Übung, schwieriger Geist

Anfangs benutzen wir für den Versuch, eins zu sein, unwillkürlich unseren rastlosen, suchenden Geist. Dadurch erscheint uns etwas, das im Grunde ganz einfach ist, schwierig oder sogar unmöglich. Hier ist Vorsicht geboten, denn viele sind beim Zazen schon auf diese anfängliche Schwierigkeit gestoßen und haben frustriert aufgegeben. Sie sind dem Trugschluss erlegen, so eine Praxis sei zu schwierig für sie. Aber wo genau liegt diese Schwierigkeit?

Die Studenten an der japanischen Universität, an der ich unterrichte, stehen vor demselben Problem. Wenn ich einige Minuten mit ihnen Zazen gesessen habe, frage ich sie, wie es ihnen mit dem Eins-Sein ergangen ist. Fast einhellig erklären sie dann, es sei schwierig oder gar unmöglich gewesen. Dann frage ich sie, ob sie denn gleichzeitig Fahrrad fahren, ihren Regenschirm halten und in ihr Handy sprechen können. So sieht man sie nämlich oft auf

Kyotos Straßen. *Das* ist kein Problem für sie. Trotzdem kommt es ihnen fast unmöglich vor, ein paar Momente eins mit dem Atem zu sein. Daher noch einmal: Wo genau liegt die Schwierigkeit?

Versucht es, dann werdet ihr es selbst merken: Die Schwierigkeit liegt nicht im Zazen, sie liegt in unserem Geist. Der Geist, besonders der moderne Geist, ist überaus komplex, zersplittert und zerstreut. Wir haben praktisch vergessen, wie man einfach eins sein kann. Dabei verlange ich von euch und meinen japanischen Studenten nichts, was besonders schwierig wäre, ganz im Gegenteil! Nur weil es so einfach ist, kommt es euch so schwierig vor. Gebt euch eine Weile ganz der Übung hin, dann werdet ihr es selbst erkennen. Man braucht Zeit und Disziplin, um sie zu meistern, aber das bedeutet nicht, dass ihr etwas falsch macht oder nicht für Zazen geeignet seid. Kehrt einfach geduldig zum Eins-Sein zurück und übt weiter. Ihr habt euer ganzes bisheriges Leben darauf verwendet, den Geist zu zersplittern und zu zerstreuen. Lohnt es sich da nicht, ein wenig Zeit zu investieren, um ihn wieder eins werden zu lassen?

Mit Gedanken umgehen

Wenn ihr gerade erst anfangt, Zazen zu üben, lasst euch nicht entmutigen. Bei den ersten Versuchen werdet ihr vielleicht feststellen, dass sogar noch mehr Gedanken aufkommen als sonst! Das kann sehr frustrierend sein. Manche Meditationslehrer erklären diese Erfahrung so, dass in Wirklichkeit nicht mehr Gedanken auftauchen, sondern dass wir lediglich solche, die immer schon da sind und am Rande unseres Bewusstseins schweben, nun endlich wahrnehmen. Das könnte stimmen, aber es könnte auch sein, dass gerade der Versuch, eins zu sein, zusätzliche Gedanken erzeugt. Anders gesagt: Die Anstrengung, die wir unternehmen, verursacht weitere Hindernisse. Warum? Weil wir es nicht gewohnt sind, einfach eins zu sein. Normalerweise richten wir unsere Aufmerksamkeit auf zwei, drei oder mehr Dinge gleichzeitig. Deshalb finden wir es anfangs unmöglich, *einfach eins zu sein.*

Macht kein Problem daraus, fahrt einfach geduldig und entschlossen mit der Übung fort. Lasst zu, dass sich die Wahrnehmung Schritt für Schritt sammelt und fokussiert. Wenn sich Gedanken, Bilder oder Gefühle melden, müsst ihr nicht dagegen ankämpfen – das hieße nur, noch mehr Gedanken zu produzieren. Eine Methode besteht darin, alles, was an die Oberfläche kommt, einfach wahrzunehmen und es dann loszulassen. Ein Gedanke entsteht, man bemerkt ihn und kehrt dann einfach wieder zum Eins-Sein zurück. Habt Geduld. Kein Grund, sich über sich selbst zu ärgern; da ist sowieso niemand, über den man sich ärgern könnte. Kehrt einfach zum Eins-Sein zurück.

Der Geist schweift schon wieder ab? Kehrt zum Eins-Sein zurück. Dabei lernt ihr bereits eine wertvolle Lektion, denn ihr erkennt aus eigener Erfahrung deutlich, wie der Geist abschweift und warum es der Disziplin und einer kontinuierlichen Praxis bedarf. Ja, Disziplin und Geduld braucht man tatsächlich, aber jeder von uns kann seinen zerstreuten und zerstreuenden Geist darin üben, von selbst wieder zu jener schlichten Einheit zurückzukehren, die reines Gewahrsein ist.

Fast alle, die anfangen, Zazen zu üben, machen solche Erfahrungen. Sie bekommen ein gewisses Gefühl dafür, eins zu sein, und ahnen, dass da etwas ist. Gefördert wird dieses Gefühl meiner Erfahrung nach in einer Gruppe, in der man gemeinsam sitzt.

Daneben taucht jedoch eine wahre Flut von Gedanken auf. Vielleicht hat das Geräusch eines vorüberfahrenden Autos irgendwelche Gedanken in uns ausgelöst. Vielleicht haben wir einen Moment lang darüber nachgedacht, ob wir tief genug in die Meditation versunken waren, oder wir waren mit uns zufrieden, was ein Gefühl der Genugtuung bewirkte. Wahrscheinlich existierte dennoch auf einer bestimmten Ebene das Bewusstsein, nicht vollständig eins zu sein, weil immer noch eine mentale Aktivität herrschte. Auch das ist wertvoll, weil die eigene Erfahrung zeigt, wie der Geist arbeitet und wie nötig eine meditative Disziplin ist.

Unser Geist ist eine wahre Gedankenfabrik. Ohne nachhaltiges Üben neigt er dazu, immer weiter und weiter zu wuchern, sich selbst zu befriedigen und das Eins-Sein, das immer da ist, zu verbergen. Dabei sind Gedanken an sich weder gut noch schlecht. An ihnen ist nichts auszusetzen. Sie haben ihren Platz, aber nicht auf dem Meditationskissen.

Ein häufiger Fehler ist der Versuch, die Gedanken abzuschneiden oder zu unterdrücken, auch wenn wir vielleicht gar nicht klar erkennen, was wir da tun. Wenn Gedanken oder Gefühle unterdrückt werden, tauchen sie irgendwann an anderer Stelle wieder auf, oft verzerrt und fehlgeleitet. Das funktioniert also nicht und führt nur zu neuen Problemen. Achtet daher sorgfältig darauf, was ihr tut, denn die Verdrängung ist selbst eine Art willentlicher Gedanke. Ist ein Gedanke erst einmal entstanden, kann nichts auf der Welt ihn mehr ungeschehen machen. Allerdings muss man ohnehin nichts dagegen tun, außer sich bewusst zu sein, dass er aufgetaucht ist, und ihn dann loszulassen.

Dennoch müssen wir daran arbeiten, eins zu sein, besonders zu Beginn unserer Praxis. Möglich ist das, indem wir achtsamer werden und an uns selbst arbeiten. Wir arbeiten mit unserem Geist, so wie er ist, so wie er von Natur aus funktioniert. Wenn sich die Meditation vertieft und ihr ganz eins seid, werdet ihr bemerken, dass sich die Gedanken einfach auflösen – sie schmelzen wie von selbst dahin. Sie verlieren ihren Halt. Während sich die Praxis festigt und beständiger wird, erübrigen sich Gedanken immer mehr. Das erfordert ein wenig Geduld und Disziplin, doch es ist möglich und letztendlich gar nicht schwer. Wenn ihr weitermacht, werdet ihr merken, dass immer weniger Gedanken entstehen, weil der Grund dafür fehlt. Die Verunsicherung und Unruhe, von der sie hervorgerufen wurden, sind verschwunden.

Es ist schön, wenn man merkt, wie sich die Übung vertieft. Aber beschäftigt euch nicht zu viel damit, und lasst euch nicht davon fortreißen. Macht nichts Besonderes daraus. Ihr habt keine fantastische Heldentat vollbracht; es handelt sich nur um einen natürlichen Reifeprozess. Bleibt nicht stehen. Geht weiter!

Eins-Sein und *Mu* sein

Der im japanischen Zen häufig verwendete Ausdruck *Mu* bedeutet, dass letztlich alles leer von einem Selbst ist. In Sanskrit spricht man von *Shunyata*. Viele, die Zen üben, wollen *Mu* werden. Wir sehnen uns danach, leer vom Selbst zu sein. Aber wir wissen nicht einmal, wie wir beständig ins Samadhi des Eins-Seins eintreten, von dem oben die Rede ist. Wir wissen nicht, wie wir bei der Übung wirklich eins sein können. Kein Wunder, dass wir es nicht schaffen, *Mu* in unserem Leben und in unserer Praxis voll und ganz zu verwirklichen!

Im Verlauf eurer Zen-Übung könnt ihr zunächst daran arbeiten, mit eurem Atem eins zu sein oder die Atemzüge zu zählen. Sobald ihr in diesem Atem-Samadhi geübt seid, könnt ihr ihn durch *Mu* ersetzen. In der zeitgenössischen Zen-Praxis geht man oft so vor.

Doch wirklich eins zu sein und *Mu* zu sein, ist nicht zweierlei! Werdet voll und ganz zu dieser Einheit, nicht nur zu einer Idee oder Vorstellung davon. Dann werdet ihr sehen, dass sie nichts anderes als lebendiges, atmendes *Mu* ist. Alles liegt klar auf der Hand. Hier im Westen ist es jedoch verständlicher und weniger esoterisch, vom Eins-Sein zu sprechen, statt einen Begriff aus dem Japanischen oder dem Sanskrit zu verwenden.

Alles hängt davon ab, wie wir tatsächlich damit umgehen. Wenn wir darüber nachdenken, was Mu bedeutet, oder irgendetwas daraus machen, dann ist es nicht wirklich Mu. Treten wir jedoch ganz in diese Einheit ein, dann erwacht sie in allem, was uns umgibt, zum Leben. Von diesem dynamischen Eins-Sein aus können wir leben und

Entscheidungen treffen. Es haftet nicht einmal daran, »eins« zu sein; es tut alles – oder nichts – mit Leichtigkeit. Wenn wir uns jedoch daran festklammern, um dem Trubel dieser Welt zu entfliehen, ist es kein wahres Eins-Sein mehr. Alles, was gewonnen – oder verloren – werden kann, ist nur das tote Eins-Sein, das im Zen entschieden abgelehnt wird. Also Vorsicht!

Wir sind nie getrennt

Am Zustand des Eins-Seins ist absolut nichts Mystisches oder Transzendentes. Im Gegenteil, er spielt bei allem, was uns wichtig ist, eine Rolle. Wenn wir unsere Arbeit tun, ein Kunstprojekt in Angriff nehmen, Sport treiben, Musik machen oder Sex haben, ein Buch lesen, einen Film sehen oder uns mit Freunden unterhalten: Ohne dabei wirklich eins und vollständig präsent zu sein, wie wäre das möglich? Mit geteilter Aufmerksamkeit können wir überhaupt nichts wirklich tun.

Habt ihr schon einmal in einem Notfall oder einer lebensbedrohlichen Situation handeln müssen? Wohin verschwinden alle Gedanken, die sonst so real und greifbar scheinen, in solch einem Moment? Woher kommt plötzlich diese Klarheit, diese Konzentration und Kraft?

Wenn wir mit etwas eins sind, existiert das gewöhnliche Denken von Natur aus nicht. Intuitiv sind wir mit dieser Wahrheit längst vertraut und ständig in Berührung. Es ist überhaupt kein wirrer oder verschwommener Zustand, sondern absolute Klarheit. Ungebundene Aufmerksamkeit – für eine Weile – und grenzenlose Freiheit, während wir etwas tun, was wie von selbst geschieht. In dieser Situation können wir spontan handeln und Entscheidungen treffen. Kreative Menschen wissen das intuitiv und sind oft in der Lage, sich diese Quelle zu erschließen. Unglücklicherweise leiden sie aber häufig sehr darunter, das Eins-Sein wieder zu verlieren, wenn sie anderen Tätigkeiten nachgehen, oder sie haben Probleme, es in ihren Alltag zu integrieren. Geduld, fortwährende Übung und eine heilsame Lebensweise sind daher von entscheidender Bedeutung.

Sich selbst verlieren

Wenn ihr euch eine Zeit lang mit ganzem Herzen der Übung gewidmet habt und es euch immer noch schwerfällt, eins zu sein, könnt ihr vor der Meditation erst einmal etwas tun, worin ihr so gut seid, dass ihr euch ganz von selbst darin verliert. So etwas haben wir alle. Ich beispielsweise konnte mich immer beim Frisbeespielen verlieren. Seit ich mich erinnern kann, war ich immer eins, wenn ich die Scheibe fing oder sie jemandem zuwarf. Warum, weiß ich nicht, aber jeder hat so etwas, ob es nun eine Sportart ist, das Spielen eines Instruments oder das Hören von Musik. Etwas, worin man wie von selbst aufgeht. Manche erleben es beim Autofahren.

Ganz gleich, was es ist, tut es vor dem Zazen. Natürlich sollte es nicht zum Zwang werden, nicht zu etwas, woran man sich so klammert, dass man glaubt, es tun zu müssen, bevor man sich aufs Kissen setzt. Aber für Anfänger, die mit sich kämpfen, kann es nützlich sein, dadurch auf natürliche Weise loszulassen. Außerdem kann es als Einstieg dienen. Hört zum Beispiel ein paar Musikstücke an oder ein bestimmtes Lied, das euch beruhigt, und setzt euch dann hin. Vielleicht könnt ihr dann nicht so lange sitzen, aber euer Zazen ist gefestigter.

Klingt das ketzerisch? Auf den ersten Blick scheint es nicht zum Zen zu passen, etwas Angenehmes zu tun, wenn einem das Sitzen zu hart vorkommt. Wenn man es richtig macht, ist es jedoch Buddhismus pur. Die Erinnerung daran, sich vollkommen wohlzufühlen, hat sogar Buddha Gautama selbst die Augen geöffnet. Der Überlieferung zufolge gab ihm genau das den Impuls, den er brauchte, um schließlich zu erwachen.

Gautamas Erinnerung

Buddha Gautama hat gewaltige Anstrengungen auf sich genommen. Mit zwei Lehrern übte er die Meditation, doch nachdem er ihre Techniken gemeistert hatte, erkannte er schließlich, dass er noch immer nicht frei war vom Selbst. Alter, Krankheit und Tod, diese Probleme suchten ihn noch immer heim. Er war noch immer Etwas. Deshalb verließ er diese Lehrer und praktizierte unter extremen Entbehrungen weiter. Er versuchte, das Atmen einzustellen. In den Sutren werden diese Versuche ausführlich beschrieben, aber im Wesentlichen heißt es, er habe höllische Kopfschmerzen davon bekommen. Dann aß er fast nichts, bis sein Bauchnabel die Wirbelsäule berührte. Erschöpft erkannte er, dass dies nicht der Weg sein konnte, denn so würde er eher sterben als erwachen. Etwas stimmte nicht. Er war in eine Sackgasse geraten. Um erleuchtet zu werden, hatte er die Anstrengung, die das Selbst aufbringen kann, auf die Spitze getrieben und sich beinahe umgebracht. Dennoch war er noch immer nicht eins, er war noch immer getrennt. Was nun?

Westliche Kommentare übergehen oft, was als Nächstes geschah. Stattdessen heißt es schlicht, Gautama habe den »Mittleren Weg« gefunden und sei zum Buddha geworden. Dabei wird ein entscheidender Punkt vergessen. In vier verschiedenen Versionen auf Pali und auf Sanskrit wird berichtet, Gautamas nächster Schritt sei durch die Erinnerung an ein bestimmtes Erlebnis von vollkommener Ruhe und Leichtigkeit ermöglicht worden. In den frühen Sutren ist Gautama noch ein Kind, in der tibetischen Version ist er erwachsen. Die Aussage bleibt jedoch dieselbe.

Gautama erinnert sich, wie er im Schatten eines Rosenapfelbaumes saß, während sein Vater, ein König, zeremoniell einen Acker pflügte. Der kleine Gautama wurde unter einen Sonnenschutz gesetzt und freute sich am Betrachten der Zeremonie. Dabei kam ihm eine spontane Erkenntnis. Was er tatsächlich erlebte, ist nicht ganz klar; in einer Version wird berichtet, beim Pflügen seien kleine Lebewesen ans Tageslicht gekommen. Entscheidend ist, dass er in eine Art spontanen Samadhi eintrat. Das geschah nicht bei einer regelrechten Meditation, Gautama saß einfach nur da und genoss den Anblick, wie ein Kind es eben tut.

Offenbar ist dem erwachsenen Gautama in seiner tiefsten Verzweiflung dieses Kindheitserlebnis ins Gedächtnis gekommen. Er hat sich daran erinnert, wie angenehm dieser Zustand war, aber nicht auf eine sinnliche, begehrende

Art. Damals war er vollkommen ruhig, friedvoll und ganz eins. Diese Erinnerung traf ihn wie ein Donnerschlag, und er erkannte, dass sie möglicherweise den Weg wies, sein momentanes Dilemma zu überwinden.

Und so änderte Gautama seine Haltung grundlegend. Er hörte auf, sich durch reine Willenskraft Qualen zuzufügen, und erkannte dank jener spontanen Erfahrung als Kind, dass es einen viel natürlicheren Weg gab. Daher entschied er sich, etwas Nahrung in Form von Milch zu sich zu nehmen und sich durch ein Bad im nahe gelegenen Fluss zu erfrischen. Erst dann kommt die Schlussszene, die wir alle kennen: Er setzt sich unter den Bodhi-Baum, erwacht und wird zum Buddha.

Die Geschichte von Gautamas Leben ist voller übernatürlicher Begebenheiten, von seiner Geburt bis zu seinem Tod. Ist es da nicht verblüffend, dass gerade jenes Ereignis, das ihm schließlich den Weg wies, etwas so Banales wie eine Kindheitserinnerung war? Dennoch wurde diese Erinnerung an jene spontane Erfahrung, die er ohne eigene Mühen und Anstrengungen machte, zur treibenden Kraft seines großen Erwachens.

Damit will ich natürlich nicht sagen, die buddhistische Praxis sei eine Art Psychodrama, und wir sollten uns darauf verlegen, unsere Kindheitserfahrungen wachzurufen. Aber mir scheint, schon diese frühen Überlieferungen deuten darauf hin, dass das, wonach Gautama suchte, immer schon vorhanden war, »direkt unter seinen Füßen«. Gerade seine willentlichen Versuche, es zu erfassen, haben ihn von seinem höchsten Ziel ferngehalten.

Gut, ich modernisiere das Ganze ein wenig, wenn ich vorschlage, vor dem Zazen Musik zu hören. Aber darum geht es gar nicht. Gebt euch der kontinuierlichen Praxis einfach vollkommen hin. Dazu braucht ihr weder Musik noch irgendwelche Sutren, nur das: Geht diesen Weg bis zum Ende!

Ganz einfach ist das allerdings nicht. Doch statt frustriert aufzugeben, weil euch der Anfang zu schwer vorkommt, könnt ihr euch ein paar Lieder anhören, ein wenig Ball spielen oder etwas anderes tun, was das Eins-Sein wieder ans Licht bringt. Dann setzt euch auf euer Kissen. In gewisser Hinsicht hat Gautama das auch getan. Damals gab es zwar noch keine CDs, aber seine Geschichte weist auf dasselbe hin, nämlich auf das, was seinen gewaltsamen, willentlichen Anstrengungen fehlte. Ohne seine Übung zu schwächen oder zu verwässern, hat seine Kindheitserinnerung ihm ermöglicht, ganz ins Eins-Sein einzutreten.

Es gibt kein Selbst – und dieses Nicht-Selbst bist du

Um es noch einmal auf den Punkt zu bringen: In allem gibt es kein Selbst! Wie schon erwähnt, besteht die Übung darin, dieser einfachen Tatsache auf den Grund zu gehen und von diesem Grund aus zu leben. Das ist der Anfang, die Mitte und das Ziel der buddhistischen Praxis.

In den buddhistischen Schriften ist manchmal die Rede davon, die Wurzel der Täuschung abzuschneiden oder die Illusion des Selbst mit der Wurzel auszureißen. Aber wie schneidet man die Wurzel von etwas ab, das gar nicht vorhanden ist? Wenn man wirklich das Selbst durchbricht, erkennt man, dass es eigentlich nie eine Wurzel gegeben hat, die man hätte abschneiden können. Solange das trügerische Selbst jedoch Bestand hat, ergeben sich tatsächlich die unterschiedlichsten Verwicklungen und Illusionen, die sich zu einer fest verschlungenen Wurzel verknotet zu haben scheinen. Jeder, der damit gekämpft hat, weiß, was für ein zähes, verworrenes und frustrierendes Gewebe das Selbst sein kann.

Wenn man über diese Fragen nachdenkt, entstehen manchmal absurde Missverständnisse, die die Verwirrung noch unnötig vergrößern. Nimmt man zum Beispiel den Begriff des »Nicht-Selbst« wörtlich, so kann man sich überhaupt keinen Reim mehr darauf machen, geschweige denn es verwirklichen.

Doch seit den Anfängen herrscht im Buddhismus Klarheit über diesen Punkt. Beispielsweise geht es im zwölften Kapitel des *Dhammapada* um das Selbst. Dort wird die Illusion über dessen Vorhandensein nicht verurteilt, stattdessen wird bekräftigt, welche relative und praktische Bedeutung ihm zukommt. Das Selbst, so heißt es, unterstütze und beschütze das Selbst. Wer sonst könnte das wohl tun? Wir werden daran erinnert, dass das Selbst Schlechtes tut, weshalb wir durch es beeinträchtigt werden, aber gleichermaßen bereinigt es Schlechtes, weshalb wir durch es geläutert werden.

Auch die buddhistischen Meditationsanweisungen sind eindeutig. Das elfte Kapitel von Buddhaghosas Hauptwerk *Visuddhimagga* (»Weg der Reinheit«) besagt ganz klar, wir sollten die *Metta-Meditation,* die Meditation der liebevollen Güte, nicht damit beginnen, Mitgefühl für unsere Feinde zu wecken, auch nicht für unsere Lehrer, sondern zunächst *für uns selbst.*

In gewissem Sinne besteht das einzige Problem darin, dass wir unser ganzes Leben in bedingt entstandenen Illusionen verbracht haben. Doch das sind tatsächlich nur Illusionen, substanzlos und ohne festen Halt. Verliert euch also nicht in Spekulationen, die euch auf Distanz halten und überlegen lassen, wie das Nicht-Selbst überhaupt möglich ist. Werft euch einfach in die Übung hinein und lebt sie. Wenn ihr außen stehen bleibt, werdet ihr euch nur endlos im Kreis drehen und fragen, wie man das Nicht-Selbst zustande bringen kann. Sieht man die Wahrheit aber von innen, enthüllt sie sich wieder und wieder. Wie könnte man sie *nicht* erkennen?

Der Eine Geist

Im Grunde ist die Wahrheit nicht *etwas*, das *wir* erkennen. Im Zen wird dies auf vielfältige Weise wunderbar ausgedrückt, zum Beispiel zu Beginn des frühen chinesischen Klassikers *Das Wesen der Geist-Übertragung* von Huangbo (jap. Ōbaku Kiun, gest. 850), dem Lehrer von Linji Yixuan (jap. Rinzai Gigen, gest. 866/67). Wenn Huangbo vom »Einen Geist« spricht, stellt er fest, dieser fehle den gewöhnlichen Menschen genauso wenig, wie er in Buddhas vollständig vorhanden wäre.

Um zu verhindern, dass man sich am Begriff des »Einen Geistes« festklammert, hat man ihn später durch typische Zen-Ausdrücke wie »kein Geist« (jap. *mushin*) ersetzt. Wenn die Einheit des Geistes zu einem Objekt gemacht wird, muss diese Sicht durchbrochen, zerstört und überwunden werden. Denn »Ein-Geist« ist grundlegender als irgendein Objekt. Er ist nichts, was einem fehlen könnte oder was jemand, den man für erleuchtet hält, besitzen könnte. Wenn man sich selbst für unerleuchtet hält (was immer das heißen mag), so bedeutet das nicht, dass dieser Geist einem fehlen würde – wobei man natürlich nicht besser dran ist, wenn man sich für erleuchtet hält. Darum geht es schlichtweg nicht!

Wenn du ihn zu Etwas, zu einem Objekt machst, so mag er als solches erscheinen, doch das hat nichts zu tun mit »Ein-Geist«. Bevor ein Buddha ein Buddha oder ein ahnungsloser Kerl ein ahnungsloser Kerl ist, besitzt er bereits den »Einen Geist«. Deshalb können wir diesen Geist in einem sehr realen Sinne nicht erkennen. Wir müssen ihn auch nicht erkennen. Lasst die Täuschungen einfach los und seht: Ihr steht doch mittendrin! Beklagt euch daher nicht, euch würde etwas fehlen.

Gern möchte ich Huangbo ein wenig ausführlicher zitieren, so könnt ihr selbst sehen, dass wir alle – ihr, ich und Huangbo – tatsächlich dieser »Eine Geist« sind. Doch ich würde auch Huangbo nicht blind vertrauen; nutzt seine Worte stattdessen, um zu hinterfragen, wer ihr selbst seid.

> »Alle Buddhas und alle Menschen sind nichts als dieser Eine Geist, neben dem nichts anderes existiert. Dieser Geist ist ohne Anfang, er ist ungeboren und unzerstörbar. Er ist weder grün noch gelb und besitzt weder Form noch Erscheinung. Er gehört nicht zu jenen Dingen, die existieren oder nicht existieren.

[…] Er ist stets vor dir, so wie er ist, aber sobald du über ihn nachdenkst, verfällst du dem Irrtum. Wie die grenzenlose Leere ist er weder zu ergründen noch zu messen.

Der Eine Geist an sich ist Buddha, und es besteht kein Unterschied zwischen Buddha und den Menschen, nur dass diese sich an äußere Formen klammern und daher außerhalb von sich suchen. Je mehr man jedoch sucht, desto mehr verliert man alles aus dem Blick. Dann ist man ein Buddha, der vergeblich nach irgendeinem »Buddha« sucht, dann versucht der Geist, den Geist zu erfassen. Selbst wenn man das Äonen lang mit aller Kraft versuchen würde, könnte man es doch niemals erreichen.

Legt daher alles gewöhnliche Denken ab und vergesst eure vergeblichen Sorgen, denn Buddha manifestiert sich genau hier. Der Geist ist Buddha, so wie er ist; und Buddha ist, so wie er ist, der Geist. Dieser Geist fehlt den gewöhnlichen Menschen genauso wenig, wie er in Buddhas vollständig vorhanden wäre.«

Ihr habt alles, was ihr braucht

Ich hoffe, euch ist durch eure eigene Praxis bereits klar geworden, dass ihr schon alles habt, was ihr braucht, einerlei, in welchem Maße ihr dies momentan erkennt. Wir alle haben alles, was wir brauchen, um die buddhistische Lehre voll und ganz zu verwirklichen. In gewisser Hinsicht haben wir sogar zu viel! Deshalb ist noch etwas

Feinarbeit nötig. Seid in eurer Praxis eins, dann werdet ihr selbst sehen, dass dieses Eins-Sein weder kommt noch geht. Im Buddhismus spricht man vom »Ungeborenen« und »Todlosen«. Es ist nichts, was wir erschaffen. Das müssen wir gar nicht. Es durch unsere eigene Übung zu bestätigen, dies ist unsere Aufgabe.

2

LICHT IN DEN URSPRUNG DER DINGE BRINGEN

Grundlagen des Zen

Ruhe und Klarheit

Beginnen wir mit zwei einfachen Worten, »ruhig« und »klar«. Wenn man die zen-buddhistische Bedeutung dieser beiden Begriffe verstanden hat, dann hat man es geschafft. Das genügt. In der buddhistischen Praxis können viele Fragen auftauchen: An welchem Punkt können wir mit unserer Praxis beginnen? Und wohin führt uns die Übung, wo endet sie? Für wen sitzen wir Zazen, für wen üben wir? Wenn wir nur für uns selbst sitzen, reicht das sicher nicht aus, aber für andere zu sitzen, klappt auch nicht besser. Auf den Punkt gebracht: Wenn wir ernsthaft üben, wer sitzt dann da in Zazen? Solche Fragen können ziemlich beunruhigend und die Antworten eher unklar sein. Wir wissen zwar, dass wir beim Zazen ruhig und klar sein sollten, aber in Wirklichkeit sind wir oft weder das eine noch das andere.

In seinem klassischen Werk über die Lehren des Buddha schreibt Walpola Rahula, ein Mönchsgelehrter der Theravada-Tradition, das Selbst sei der Ursprung allen Leidens auf der Welt, von persönlichem Streit bis zu den

Kriegen zwischen Völkern. Diese Wurzel allen Übels stellt nach buddhistischer Auffassung eine »falsche Ansicht« oder Sichtweise dar. Das Selbst ist nicht real, es ist eine Täuschung. Es ist eine irreale, ungenaue Sichtweise dessen, was ist. So etwas wie ein Selbst gibt es nicht, und dennoch wissen wir alle, dass es eine sehr schmerzhafte, mächtige und gefährliche Illusion sein kann.

Zweierlei ist offenkundig – zum einen, dass das Selbst unser Problem ist, und zum anderen, dass das Selbst eine Illusion, eine Täuschung darstellt, eine sehr hartnäckige zwar, aber doch eine Illusion. Was tun wir nun dagegen? Wie entkommen wir diesem falschen Gefühl des Selbst mit seiner Gier und seinem Mangel an Klarheit und Ruhe? Bekanntlich existiert ein breites Spektrum an buddhistischen Meditationsmethoden. Greifen wir zwei konkrete Probleme heraus und schauen, wie in den alten buddhistischen Sutren damit umgegangen wird.

Feuer mit Feuer bekämpfen

Nehmen wir einmal an, ihr übt Zazen, und irgendetwas geht euch nicht aus dem Sinn. Vielleicht seid ihr wütend auf jemanden. Vielleicht empfindet ihr sogar Hass für diese Person. Ihr versucht, ruhig zu sein, doch das ist unmöglich, weil diese starken Gefühle immer wieder hochkommen. In diesem Augenblick sind sie mächtiger als der Versuch, Zazen zu üben.

Zwei einfache Methoden, damit umzugehen, nenne ich »Feuer mit Feuer bekämpfen« und »Feuer mit Wasser bekämpfen«. Bekämpft man Feuer mit Feuer, so wirft man sich ganz in das innere Geschehen hinein, um es auf die Spitze zu treiben, bis es sich auflöst oder ausbrennt. Feuer mit Wasser bekämpft man, indem man einen vergleichsweise »guten« Gedanken hervorbringt, um den »schlechten« loszuwerden. Empfindet man so stark Ärger, Hass oder Rachegefühle, dass man nicht einmal Zazen sitzen kann, so versucht man, dem betreffenden Menschen ein Gefühl liebender Güte entgegenzubringen, das die belastenden Gefühle schmelzen lässt. In den Sutren wird ausführlich erklärt, wie das funktioniert. Das werde ich jetzt nicht tun, denn die Methode dürfte klar sein. Wenn ihr merkt, dass ihr einer Person oder etwas anderem gegenüber eine negative Haltung eingenommen habt, dann lasst bewusst das Gegenteil entstehen. Am Anfang ist das unter Umständen nicht einfach, aber mit der Zeit werdet ihr in der Lage sein, das entsprechende Gefühl zu überwinden. Er löst sich einfach auf, und dann könnt ihr mit der Situation oder der Person, für die ihr so viel Abneigung empfunden habt, klar und ruhig umgehen. Es geht nicht darum, die Gefühle zu verstecken; sie werden tatsächlich umgewandelt. Diese Methode könnt ihr nicht nur in der Meditation verwenden, sondern auch als Möglichkeit nutzen, ein bestimmtes Problem zu überwinden, das euch von der Meditation abhält oder im Alltag stark behindert. Nachdem Ärger oder Hass sich aufgelöst und verflüchtigt haben, könnt ihr in gewissem Sinne mit der eigentlichen Arbeit beginnen.

Ein anderes Beispiel: Ihr spürt starkes Verlangen oder große Leidenschaft. Während ihr versucht, Zazen zu üben, tauchen immer wieder allerhand erotische Fantasien in euch auf. Ihr werdet davon regelrecht überwältigt. Auch dafür finden sich in den Sutren bestimmte Meditationstechniken, denn offensichtlich hatten die Mönche und Nonnen vor zweieinhalbtausend Jahren dieselben Probleme. Bei einer dieser Techniken wird das Objekt der Begierde ganz genau betrachtet, und dann stellt man sich dieselbe Person im Alter von sechzig Jahren vor. Denkt an den schönen, begehrenswerten Körper und stellt euch vor, wie er mit sechzig und dann mit achtzig Jahren aussehen wird, mit allen Falten und Runzeln. Betrachtet jede Einzelheit. Nach einiger Zeit ist das schöne Bild nicht mehr ganz so schön. Ihr unterdrückt es nicht, und ihr weigert euch auch nicht, es anzuschauen. Stattdessen seid ihr nicht mehr darauf fixiert, es nur aus einer Perspektive zu betrachten. Ihr seid nicht mehr geblendet von dem, was ihr seht, sondern seht es auf eine andere, eine neue Art. Das funktioniert immer, egal, ob wir von einer bestimmten Person fasziniert sind oder ob es ein neues Auto ist, das uns im Kopf herumspukt.

Drei Merkmale: Unbeständigkeit, Miss-Behagen, Selbst-Losigkeit

Worauf zielt die buddhistische Meditation eigentlich ab? Was wollen wir damit »erreichen«? Versuchen wir nur, jedes Verlangen und alle Gefühle loszuwerden? Das kann es doch nicht sein, oder? Aber was ist dann der eigentliche Zweck? Worum geht es? Die traditionelle buddhistische Terminologie – wir sind noch nicht beim Zen – kennt drei Daseinsmerkmale: Alles, ihr, eure Freunde und Feinde, euer Zorn und eure Leidenschaft, alles besitzt diese drei Kennzeichen. In der Meditation versucht ihr das ruhig und klar zu sehen. Anders ausgedrückt: Wenn ihr Hass in Liebe verwandelt, ist das gut, aber es ist nicht das Ziel der Meditation. Das Ziel ist, alles wirklich zu *durchschauen,* ruhig und klar die Eigenschaften der Dinge zu sehen und zu begreifen, dass sie unbeständig, ungenügend und selbstlos sind.

Alles ist unbeständig, sei es nun Hass, sexuelle Lust oder Schönheit. Diese Gefühle bleiben nicht für immer unverändert bestehen. Das zweite Merkmal wird in Pali mit *Dukkha* bezeichnet, ist zugleich die erste Edle Wahrheit und wird oft mit »Leiden« übersetzt. Ich verwende den Begriff »Miss-Behagen«. Alles ist unbeständig und kann deshalb nie zufriedenstellen. Letztlich ist alles, was existiert, instabil, weshalb wir in nichts, was existiert, völlig zur Ruhe kommen können. Das dritte Merkmal besagt, dass alle Dinge ohne beständiges Selbst sind. Diese drei Kennzeichen bilden das grundlegende Prinzip jeder buddhistischen Meditation. Bei einer solchen Meditation sehen wir die Realität, wie sie ist: unbeständig, ungenügend oder instabil und ohne Selbst.

Festhalten unmöglich

Seht ihr, wie stark diese drei Merkmale miteinander verbunden sind? In gewissem Sinne drücken sie alle dasselbe aus, nur aus verschiedenen Blickwinkeln. Man sollte sie also noch einfacher fassen können, und laut den Pali-Sutren hat Buddha Gautama das tatsächlich getan. Als er gefragt wurde, ob er den Kern seiner Lehre in einem Satz zusammenfassen könne, bejahte er und sagte: »Man sollte an nichts, was immer es sei, festhalten.« Das drückt auf andere Weise aus, dass alles unbeständig, instabil und ohne ein substanzielles, fortdauerndes Selbst ist. Es gibt nichts, woran man sich klammern, was man festhalten oder ergreifen könnte.

Das mag sich sehr negativ, sehr nihilistisch anhören. Der frühe Buddhismus wirkt oft so, aber das Ende des Weges ist durchweg positiv. Dort wartet die Befreiung. Absolute Freiheit, sogar von unserem eigenen Selbst. Es ist nichts mehr vorhanden, woran man sich klammern könnte. Das ist die Grundlage der buddhistischen Philosophie, aber auch der buddhistischen Meditation.

Der Buddhismus besagt nicht, dass wir uns um nichts mehr kümmern, also zum Beispiel unsere Angehörigen nicht mehr lieben sollten. Vielmehr sollten wir uns nicht daran *klammern*. Das, was wir lieben, sollten wir nicht durch Besitzgier und Eifersucht zerstören. Wir wissen alle, wie viel Schmerz und Leiden dadurch entsteht.

Auf den Punkt gebracht: Es existiert kein Ding, das Haftung bietet. Das klingt nach Werbung für ein Lösungsmittel, aber es ist wirklich so, weil es nichts gibt, woran man sich klammern könnte, weder innen noch außen. Noch wichtiger: In unserem Innern ist kein Selbst, das dazu in der Lage wäre! Das heißt, es gibt nicht nur in der Außenwelt nichts, woran man festhalten könnte, in uns existiert auch kein Selbst, das sich an etwas klammern könnte. Dies zu verstehen und zu verwirklichen, ist das lebendige Wesen buddhistischer Praxis.

Kommen wir zum Zen. Der Ansatz von Zazen, der Sitzmeditation, ist etwas anders. Natürlich handelt es sich dabei um eine buddhistische Meditationsform, aber um eine sehr eigene. Ob klassisches oder modernes Zen, chinesisches, koreanisches, japanisches oder vietnamesisches Zen, *Rinzai* oder *Soto,* »Koan-Zen« oder das »Zen des nur Sitzens« – all diese Formen haben etwas Grundlegendes gemein. Ein häufig verwendeter chinesischer Spruch, der aus nur vier Schriftzeichen besteht, beschreibt das Wesen der Zen-Praxis ganz einfach und präzise: »Drehe die Lampe um und richte sie auf dich selbst!« Dieser Spruch findet sich in Linjis und in Dōgens Schriften ebenso wie bei vielen anderen Meistern vom frühen Zen bis heute. Auch für Jinul, den Begründer des koreanischen *Seon* (Zen), war er von großer Bedeutung, und dieser Ausspruch ist das Motto der mit dem Rinzai-Zen verbundenen Universität, an der ich lehre.

Im *Linji-lu* (jap. *Rinzai-roku)* findet sich dieser Dialog:

> *Frage:* Welches Ziel hatte Bodhidharma (der erste Patriarch des chinesischen Zen), als er aus dem Westen kam?
> *Meister (Linji):* Hätte er ein Ziel gehabt, so hätte er sich nicht einmal selbst retten können!
> *Frage:* Wenn er kein Ziel hatte, wie hat der zweite Patriarch dann den Dharma verwirklicht?
> *Meister:* Verwirklicht ohne Verwirklichung.
> *Frage:* Wenn es ohne Verwirklichung ist, worum geht es dann bei diesem Nicht-Verwirklichen?

Meister: Du kannst deinen Geist nicht zur Ruhe bringen, wenn er suchend hier und da umherschweift. Deshalb sagte ein Patriarch: »Narren – sie suchen mit dem Kopf nach ihrem Kopf!« Wende jetzt dein Licht um und richte es auf dich selbst. Suche niemals irgendwo anders. Dann erkennst du, dass dein eigener Körper/Geist sich nicht von den Patriarchen und Buddhas unterscheidet und dass es nichts zu tun gibt. *Das* bedeutet es, den Dharma zu verwirklichen!

Das Licht, von dem hier die Rede ist, ist eine Metapher für Gewahrsein. Statt sich mit bestimmten Problemen zu beschäftigen, die auftreten können, also Feuer mit Feuer oder Feuer mit Wasser zu bekämpfen, befasst Zen sich direkt mit dem Gewahrsein selbst. Das soll nicht heißen, andere buddhistische Meditationen – wie die beiden oben erwähnten – wären nicht wichtig oder nützlich. Ganz im Gegenteil, westliche Zen-Übende tun gut daran, grundlegende buddhistische Meditationstechniken zu üben und zu meistern! Trotzdem ist es nun einmal so, dass die Zen-Praxis erfordert, einer Sache direkt auf den Grund zu gehen.

Das ist die Stärke, aber auch die Schwäche der Zen-Praxis. Ihre Stärke liegt darin, dass sie den endlosen Automatismus des gewöhnlichen Bewusstseins mit einem scharfen Schnitt unterbrechen kann. Auf die Schwäche der Zen-Praxis haben schon frühe Zen-Patriarchen wie Zongmi (jap. Keihō Shūmitsu) Anfang des neunten Jahrhunderts hingewiesen. Es ist eben diese Direktheit, die ihre Stärke ausmacht, jedoch leicht aus dem Ruder läuft, wenn sie nicht richtig verwirklicht wird. Dann kann sie zu der Auffassung entarten: »Alles okay, solange ich einfach sitze und ›da bin‹. Zu tun gibt es da nichts.« Klar, letztendlich geht es nicht darum, etwas zu tun, aber geduldig und gewissenhaft üben muss man trotzdem.

Den Ursprung beleuchten

Was bedeutet es, das Licht des Gewahrseins umzudrehen und auf uns selbst zu richten? Werfen wir zuerst einen Blick darauf, was wir normalerweise tun. Wir sind so daran gewöhnt, unserer Wahrnehmung zu folgen und von ihr geleitet zu werden, dass wir es nicht einmal bemerken. Trotzdem geschieht es, und diese subtile Aktivität unserer Wahrnehmung ist fast immer da. Wir bewegen uns stets auf das zu, was wir begehren und uns wünschen, und wir entfernen uns von dem, was uns unangenehm ist, egal ob wir uns etwas vorstellen, etwas sehen, denken, wünschen, ob wir Hass oder Liebe empfinden. Durch die buddhistische Meditation kann diese subtile Bewegung klar an die Oberfläche kommen und sich nach und nach von ganz allein auflösen.

Im Grunde geht es beim Umdrehen des Gewahrseins darum, den Ursprung zu beleuchten. Den Ursprung wovon? Von allem. Nicht nur den Ursprung der Wahrnehmung, sondern von allem, dessen wir uns bewusst sind. Hier und jetzt, um uns herum und in uns, sind zum Beispiel Wände, Möbel, Menschen, Gefühle von Liebe oder Hass und vieles mehr. Woher kommt das alles?

Um diese Frage zu beantworten, müssen wir nicht auf irgendeine metaphysische, transzendente Realität oder einen übernatürlichen Gott zurückgreifen. Wir wenden uns einfach dem Ursprung unserer gegenwärtigen Wahrnehmung zu. Während ihr diese Zeilen lest, seid ihr nicht vom Ursprung eurer Wahrnehmung getrennt. Ihr erkennt dies jedoch nicht direkt, weil ihr so sehr daran gewöhnt seid, alles, was ihr wahrnehmt, sofort in ein Gefühl von Wohlbefinden oder Unbehagen zu verwandeln, in Zuneigung, Abneigung oder Gedanken wie: »Was für ein Blödsinn!« oder »Ist das nicht fantastisch!« Die Zen-Praxis zielt direkt darauf ab, im Hier und Jetzt den Ursprung zu durchdringen. Stellt euch also *nicht* die Frage, wohin eure Wahrnehmung sich richtet, sondern wo sie entspringt – jetzt, in diesem Augenblick!

Im Zen wird das ganze Bündel solcher Fragen schön zusammengeschnürt und uns behutsam vor die Füße gelegt. Ein Spruch aus dem chinesischen Zen besagt: »Die Frucht wird sauber geschält und in deinen Mund gelegt.« Du musst sie nur noch schlucken.

Was könnte einfacher sein als das? Und wann könnt ihr daran arbeiten? Richtig: immer und überall. Denn in jedem Augenblick des Gewahrseins ist der Ursprung enthalten. Es ist nicht nötig, die Vergangenheit wachzurütteln oder sich nach der Zukunft zu sehnen. Ihr müsst auch keinen besonderen Ort aufsuchen, kein altes Koan lösen und euch an keine Autorität wenden, die euch alles erklären würde. Wie verwirrt ihr auch sein mögt und welchen Illusionen ihr euch hingebt – die Grundfrage bleibt: Woher kommt all dies? Manche Wege können zielführender sein als andere; das spricht also in jedem Fall für Disziplin und kontinuierliche Praxis. Doch nichts ist vom Ursprung getrennt.

Lasst deshalb davon ab, einen anderen Zustand oder eine andere Situation zu suchen, die ihr glaubt, erreichen zu müssen. Es ist nicht nötig, diesen Umweg noch einmal zu machen. Erlaubt eurer Wahrnehmung stattdessen, sich ihrem Ursprung zuzuwenden. Das ist eine kleine, aber entscheidende Richtungsänderung. Ihr folgt nun nicht mehr dem, was ihr gerade seht oder hört, denn mit einiger Erfahrung im Zazen ist es relativ einfach, den Geist davon abzubringen, den verschiedenen Klängen und Bildern nachzujagen, die um euch herum entstehen. Sich umzudrehen heißt jedoch nicht, die Sinne nicht mehr zu gebrauchen und sich nach »innen« zu wenden, in eine Welt voller Gedanken, Emotionen und Bilder. Die Erscheinungen im Innern sind dem Ursprung nicht näher als jene der Außenwelt. Auch sie sind von unserer ruhelosen Wahrnehmung bereits in eine Form gepresst worden. Das Licht des Bewusstseins umzudrehen heißt, die Quelle selbst zu beleuchten, an der Innen und Außen entspringen. Denkt daran: Wenn Gedanken und Gefühle da sind, bedeutet das nur, dass der mentale Sinn aktiv ist. Der Geist ist eines unserer Sinnesorgane, genauso wie Augen und Ohren. Unnötig, sich darin zu verstricken. Zazen ist schlicht die subtile »Bewegung« der Wahrnehmung, die zu ihrem Ursprung zurückkehrt. Dieser Ursprung aber ist immer da, hier und jetzt.

Dies sind die Gründe, warum es in die Irre führen kann, auf irgendwelche Werkzeuge zur Unterstützung zurückzugreifen. In der Zen-Praxis geht es daher in gewissem Sinne darum, alles wegzunehmen. Man benutzt *keine* Werkzeuge; man bekommt *nichts*, über das man meditieren könnte. Trotzdem würde ich empfehlen, dass ihr euch zunächst einige grundlegende buddhistische Meditationstechniken aneignet. Sonst setzen sich eure alten geistigen Gewohnheiten vermutlich einfach fort, oder ihr verfangt euch in tiefsinnigen Gedanken, überwältigenden Gefühlen oder in Einsichten, die ihr möglicherweise habt.

Stopp!

Der Rat, das Licht umzudrehen und auf uns selbst zu richten, tritt manchmal in Kombination mit einem weiteren chinesischen Sinnbild auf. Es besteht aus zwei Schriftzeichen, die wörtlich »Tritt zurück!« bedeuten, aber vielleicht besser mit »Stopp!« übersetzt werden sollten. Das heißt, man soll zuerst zurücktreten und vollständig zum Stillstand kommen. Alle Aktivitäten des gewöhnlichen Bewusstseins müssen ruhen, sonst ist es unmöglich, Zazen zu üben oder den Ursprung zu erkennen und zu erfahren. Normalerweise sitzt man einfach da und folgt erst diesem, dann jenem Gedanken, einem Geräusch, den Schmerzen im Bein, einem angenehmen Gefühl und dergleichen. Zazen beginnt, wenn man dem ein Ende bereitet. Das ist jedoch kein Akt des Willens, denn jeder Willensakt ist nur eine Fortsetzung dieser von Illusionen geprägten Bewegung. Zum Stillstand zu kommen bedeutet, die gewöhnliche Wahrnehmung der Dinge wegfallen zu lassen und so direkt in den Ursprung selbst einzutreten.

Dieser Vorgang bedeutet nicht, Augen und Ohren zu verschließen und das Bewusstsein ganz abzuschalten. Es geht vielmehr darum, der Wahrnehmung nicht zu folgen und nichts aus ihr zu machen oder zu konstruieren, zum

Beispiel aus Geräuschen, Bildern, Gerüchen, Gedanken und Emotionen. Wenn die Aktivitäten des alltäglichen Bewusstseins zur Ruhe kommen, führt der Weg zum Ursprung zurück. Man hört auf, in die Welt hinauszugehen – oder hinein in die innere Welt der Gedanken und Gefühle. Man hört auf, Formen zu erschaffen, und sieht, was hier und jetzt vorhanden ist – bevor etwas entsteht, bevor man etwas hat entstehen lassen, bevor *das, was ist,* in etwas verwandelt worden ist, bevor ein Gedanke auftaucht.

Seht ihr, wie einfach Zazen ist? Macht daher weiter, bis auch »der Ursprung« wegfällt. Bleibt nicht einmal da stehen.

Zazen unterscheidet sich also in gewisser Weise von den herkömmlichen Formen der buddhistischen Meditation, bei denen am Anfang meist die Arbeit an einem speziellen Objekt steht. Zum Beispiel wird Abneigung in Liebe verwandelt oder sexuelles Verlangen wird dazu genutzt, die Unbeständigkeit des begehrten Körpers zu erkennen.

Die Übung zum Leben erwecken

Ruhe und Klarheit, das ist in gewissem Sinne alles, worum es geht. Die Dinge klar zu durchschauen und im Ursprung von allem in jedem Augenblick zur Ruhe kommen. Natürlich soll sich das nach dem Zazen fortsetzen, wenn ihr aufsteht und etwas tut, wenn ihr handelt, wenn ihr Entscheidungen trefft oder nachdenkt. Es geht nicht darum, nur stillzusitzen und nichts zu tun. Das ist sinnlos, mehr als sinnlos. Zazen muss inmitten des Trubels der Welt lebendig werden. Es ist nicht dazu da, ein Weilchen zu sitzen und einen Anflug, ein Gefühl von Frieden zu bekommen, um dann zu erleben, wie sich das verflüchtigt und verwässert, wenn wir in die Welt hinausgehen. Erhellt nur ein einziges Mal den Ursprung der Wahrnehmung an sich, dann seid nicht mehr ihr es, die ihr euer Licht darauf richtet. Dann seht ihr, dass der Ursprung ständig in seinem eigenen Licht erstrahlt und dass alles wunderbar hell und lebendig ist. Ohne dass ein einziger Gedanke aufsteigt, seid ihr dieser Ursprung. Das müsst ihr verwirklichen!

Anfangs verlangt dieser Prozess Disziplin. Ihr müsst lernen, wie man die Gewohnheit loslässt, in die äußere Welt abzudriften oder sich in der inneren Welt der Gedanken, Ideen und Bilder zu verlieren. In den Sutren und Meditationsanweisungen findet sich eine Vielzahl guter, konkreter Ratschläge, wie man das tut. Sobald man bemerkt, dass man einem Gedanken nachhängt, kann man lernen, ihn zu seinem Ursprung zurückzuverfolgen. Oder man kann einfach zum Fokus der Meditation zurückkehren, sei dies nun der Atem oder ein anderes Objekt. Man kann auch aktiv jeden Gedanken abschneiden, sobald er entsteht. Es gibt viele verschiedene Methoden. Wie eine der großen frühen Einsichten des Zen darlegt, ist allerdings schon der Versuch, alle Gedanken abzuschneiden, selbst ein Gedanke. Bereits die Anstrengung dieses Versuchs zeigt, dass man sich in einem Gedanken verloren und ihn in etwas verwandelt hat, und nun will man diesen Vorgang unterbinden. Dabei ist das Kind schon in den Brunnen gefallen.

Alles ist immer im Augenblick vorhanden. Sobald man sagt, man müsste irgendwohin »zurückkehren«, ist schon zu viel gesagt. In den alten Meditationsanweisungen klingt es ganz einfach:

> Stellt sich doch ein Gedanke ein, nehmt ihn wahr. Sobald ihr ihn wahrnehmt, verflüchtigt er sich. Irgendwann sind die Bedingungen vergessen, und alles ist auf natürliche Weise geeint. Das ist das Wesen von Zazen.

Ich habe das lange versucht, aber einige Gedanken sind auch dann noch aufgetaucht. So einfach ist es also nicht, aber mit der Zeit gibt es für die Gedanken keinen Grund mehr aufzusteigen. Sie können sich an nichts mehr festhalten und lösen sich auf. Wenn dann noch ein Gedanke entsteht, nimmt man ihn im Entstehen wahr. Normalerweise wird uns ein Gedanke nicht bewusst, solange er keine Form angenommen hat. In unserer Unwissenheit glauben wir, wir würden unsere Gedanken erzeugen; blicken wir aber tiefer, sehen wir klar und deutlich, wo und wie Gedanken entstehen. Wir sehen einen Gedanken bei seiner Entstehung und nehmen wahr, wie er einfach von selbst wieder vergeht. Nach einer Weile tauchen keine Gedanken mehr auf. Das ist gut, aber ihr dürft nicht dabei stehen bleiben. Macht weiter, verfolgt die Dinge zurück bis zum Ursprung. Und wenn ihr den Ursprung erleuchtet, wenn ihr tatsächlich »hineinfallt«, dann tut nicht mehr länger ihr selbst es, und es gibt auch kein »Es«, das etwas mit euch täte. Wenn ihr den Ursprung erleuchtet, ist dies der Ursprung aller Erleuchtung. Dann »sprühen wirklich die Funken«. Dann geht es nicht mehr um »euch« oder »etwas«, ja nicht einmal mehr um irgendeinen »Ursprung«.

Natürlich ist auch die Bezeichnung »Ursprung« nur eine Metapher. Dieser Ursprung ist nicht von euch getrennt, aber bis ihr dies wirklich erkennt, befindet er sich außerhalb von euch. Ihr, so wie ihr jetzt gerade seid, in welchem Bewusstseinszustand ihr euch auch befindet (klug, dumm, begehrend, hörend, sehend …), kommt aus dem Ursprung. Euer Bewusstseinszustand lässt sich bis dahin zurückverfolgen.

Vom praktischen Standpunkt aus betrachtet, sind manche geschickter als andere darin, den Ursprung zu finden. Genau darum geht es bei einem Koan. Ein Koan ist so konzipiert, dass es dich nicht in die äußere Welt verschwinden lässt. Ebenso ist der Weg in die innere Welt versperrt, weil wir das Koan nicht zu einem Objekt machen können. Das Koan lässt sich nicht zu etwas machen. Deshalb ist die Arbeit mit Koans am Anfang so frustrierend. Du möchtest etwas aus dem Koan machen, irgendetwas; du möchtest den Lehrer oder dich selbst zufriedenstellen oder einen ähnlichen Unsinn zuwege bringen. Aber wenn das Koan nach einer Weile anfängt, Wirkung zu zeigen, ist es nicht länger etwas da draußen oder hier drinnen, du selbst bist zum Koan geworden. Dann kann der Zweifel sich verfestigen und eine kritische Masse erreichen. Irgendwann stolperst du schließlich darüber, wendest dich um und enthüllst den Ursprung. Dann wird es wirklich klar.

Wir müssen nirgendwohin gehen, sondern üben von unserem momentanen Gewahrsein aus. Vielleicht ist dieses Gewahrsein gerade voller selbstsüchtiger Wünsche.

Gut, arbeitet damit. Vielleicht ist es sehr »rein«; dann arbeitet eben damit. Gewahrsein in diesem Augenblick ist alles, was ihr braucht, *vorausgesetzt, ihr verfolgt es bis zu seinem Ursprung*. Es ist nicht nötig, sich mit dem zu vergleichen, wie wir andere einschätzen. Lasst die Idee fallen, ihr müsstet etwas erreichen. Es gibt keinen Ort, den wir erreichen könnten. Selbst die Aussage, wir müssten zum »Ursprung« gelangen, ist schon zu viel. Macht einfach von da aus weiter, wo ihr gerade steht.

Für wen praktizieren wir?

Für wen üben wir eigentlich? Warum sitzen wir Zazen? Die typische Antwort des Mahayana ist: für alle Wesen. Ist das nicht seltsam? Können wir nicht hier sitzen, das erst einmal für uns selbst tun und dann vielleicht an andere denken? Ist es nicht sinnvoll, zunächst selbst alles hinzubekommen? Aber im Buddhismus, besonders im Mahayana, heißt es, wir müssten unsere Praxis vom Standpunkt aller Wesen aus *beginnen*. Warum? Weil dies der einzige Ort ist, an dem wir praktizieren können. Der Ursprung des gegenwärtigen Gewahrseins kann nicht von anderen Wesen getrennt werden, er schließt alle Wesen ein. Wenn es nur um uns selbst geht, sind wir nicht am Ursprung, und wenn wir nur für jemand anderen üben, auch nicht.

Denkt an das erste der Vier Großen Gelübde: »Die Zahl der Wesen ist unendlich. Ich gelobe, sie alle zu befreien.« Dies ist das erste Gelübde für alle Anhänger des Mahayana, nicht das zweite, dritte oder vierte. Wir sollen alle fühlenden Wesen nicht nur befreien, sondern wir werden auch daran erinnert, dass es unendlich viele sind. Es gibt keine Begrenzung. Ist das nicht absurd? Wie können wir *alle* Wesen befreien? Tja, es gibt keinen anderen Weg. Man kann alle Wesen nur auf einen Schlag befreien. Im Buddhismus heißt Erlösung, alle Wesen zu befreien – am Anfang, in der Mitte und am Ende des Weges. Deshalb verwende ich Begriffe wie den des Ursprungs, denn das *ist* der Ursprung, er muss alle Wesen einschließen, jene, die man liebt, und jene, die man hasst, jene, die man kennt, und jene, von denen man nichts weiß. Wenn irgendetwas ausgelassen wird, dann deshalb, weil man diesen lebendigen Ursprung zu etwas gemacht hat. Ob zu einem Gedanken oder zu einem Gefühl, so edel sie auch sein mögen – das reicht nicht aus.

Ihr seht also, alle Wesen zu befreien, ist keine Übertreibung. Es ist die Wahrheit. Die Wesen sind zahllos – befreit sie alle. Das ist der einzige Weg, es gibt keinen anderen. Man kann sich nicht selbst befreien, genauso wenig jemand anderen. Wenn ihr denkt, ein anderer hätte euch befreit oder ihr hättet euch selbst befreit, liegt ihr falsch. Dann seid ihr sicherlich keine Buddhisten. Wenn ihr meint, ihr könntet euch selbst befreien, so unterliegt ihr einer Täuschung. Wenn ihr meint, es gebe ein Selbst, das man befreien müsste, ist das ebenfalls eine Täuschung. Dennoch lautet unser Gelübde: Die Wesen sind zahllos – befreie jedes einzelne von ihnen. Das ist es, was Buddha, was Erwachen bedeutet. Es ist nicht euer Erwachen. Es ist auch nicht meines. Es ist das Erwachen all dessen, was ist, bis zum letzten Staubkörnchen. Das ist nicht das *Ziel* unserer Praxis, sondern ihr *Ausgangspunkt*, genau hier, genau jetzt. Lasst daher ein für alle Mal die törichte Idee fallen, euch selbst oder jemand anderen befreien zu müssen. Dies ist nur eine neue Illusion. Alle Wesen, ohne Ausnahme, sind bereits frei.

So steht es im *Diamant-Sutra* geschrieben. Dort heißt es weiter, obwohl alle Wesen befreit werden, hat es nie ein Wesen gegeben, das befreit werden musste. Warum steht das dort? Weil es wahr ist. Es gibt niemanden zu befreien, und doch üben wir ohne Unterlass. Es gibt kein Selbst, das befreit werden müsste. Das ist eine Illusion, und doch gibt es Umstände, die zu Leiden, zu Miss-Behagen führen. Daher tun wir, was wir können, um dazu beizutragen, dieses trügerische Durcheinander aufzulösen. So kommt das *Diamant-Sutra* zu dem Schluss: »Genau dies ist die Befreiung aller Wesen!« Geht beständig weiter, denn aus dem Ursprung zu kommen, bedeutet zugleich, mit grenzenloser Ruhe und Klarheit wieder in den Ursprung einzugehen. Dazu sagt Dōgen: »Diese Verwirklichung, die keine Spuren zurücklässt, setzt sich ohne Ende fort.«

Aus den alten Meditationsanweisungen

Die klassischen Meditationsanweisungen des Zen besagen auf ihre Art dasselbe. Zum Beispiel beginnt ein dem fünften chinesischen Zen-Patriarchen zugeschriebener Text folgendermaßen:

> Wenn die Kultivierung nicht rein und absichtslos gehalten wird, kann kein Weg der Praxis zur Verwirklichung führen.

»Kultivierung« ist eine aus der Landwirtschaft kommende Metapher für die Praxis, die auf die geduldige Arbeit auf dürren Äckern verweist. Es ist die Art von Arbeit, bei der man immer weiter übt und geduldig den trockenen Boden beackert, damit darauf Früchte wachsen. Man kann endlose Stunden Zazen sitzen, doch wenn dies nicht rein und aus lauteren Motiven geschieht, wird nichts gedeihen. Im Text wird es auf folgende Weise erklärt:

> Man muss erkennen, worin das Wesen der Kultivierung besteht. Es ist der von Natur aus vollständige und unbefleckte Geist, in dem es keine falsche Unterscheidung gibt und in dem alles von Grund auf makellos, ungeboren und unsterblich ist.

Dieses grundlegende Wesen ist das, was ich als Ursprung bezeichne. Man muss es erkennen, das heißt klar sehen und verwirklichen. Es ist von Natur aus in uns; es ist schon da. Der vollständige und reine Geist ist der Ursprung unserer momentanen Wahrnehmung. Weiter heißt es:

> Dies ist der elementare Lehrer. Dies ist besser, als alle Buddhas der zehn Richtungen anzurufen!

Das Wörtchen »dies« bezieht sich auf nichts anderes als unseren eigenen wahren Geist; er ist der elementare Lehrer. Die Buddhas der zehn Richtungen anzurufen, war zu jener Zeit eine gängige Übung. Aber der wirkliche Lehrer ist unser eigener wahrer Geist, und der muss rein gehalten werden. Deshalb üben wir mit Haut und Haar. Allerdings ist diese Reinheit der Ausgangspunkt unserer Praxis, nicht unser Ziel. Es ist also nicht notwendig, irgendwelchen Geisteszuständen oder Meistern nachzujagen, um sich bestätigen zu lassen, was man schon ist.

Zu Beginn der im ersten Kapitel ausführlich behandelten Anleitung zur Zazen-Praxis, die die Grundlage für spätere Meditationsanleitungen darstellt – darunter die von Dōgen –, heißt es, man solle zuerst großes Mitgefühl in sich wecken, die »Vier Großen Gelübde« ablegen und dann *Samadhi* kultivieren. Samadhi ist nichts anderes als »ruhige Klarheit«, die Disziplin der anhaltenden Stille und Klarheit. Anschließend werden wir aufgefordert, uns aus unseren Verstrickungen zu befreien und alle Bedingungen loszulassen, bis Körper und Geist eins werden und zwischen Bewegung und Stille keine Trennung mehr besteht. Anders ausgedrückt, soll alles angehalten werden. Entscheidend ist, dass diese Aufforderung am Anfang der Anweisung steht, nicht an ihrem Ende. Mit dieser Haltung beginnt alles, von dort kommt alles her.

Wahre Ruhe, wahre Klarheit

Was bedeuten Ruhe und Klarheit im Buddhismus wirklich? Ruhe ist nicht einfach ein Geisteszustand. Ruhe muss letztendlich vollkommen klar sein. Handelt es sich um eine leblose Ruhe, so hat das nichts mit Buddhismus zu tun. Es gibt Meditationstechniken, die sich darauf konzentrieren, den Geist zur Ruhe zu bringen, aber das ist nicht das endgültige Ziel. Das Ziel ist, den Geist so zu beruhigen, dass wir klar sehen und deshalb in der Welt handeln können. Eine tote Ruhe, die alle Gedanken, alle Emotionen, alle Bilder und Geräusche abschneidet, ist nicht das, was wir suchen. Es muss eine Ruhe sein, die klar sieht, keine leblose Leere oder Flucht vor Aktivität oder etwas anderem.

Noch wichtiger ist es, Erkenntnis, klare Sicht zu besitzen, die uns in die Ruhe führt. Wenn wir die buddhistische Praxis als Erkenntnis bezeichnen, muss es eine Erkenntnis sein, die alles zur Ruhe bringt. Häufig geschieht es, dass Menschen aus aller Welt, Männer und Frauen, junge und alte, mir von ihren tiefen spirituellen Erkenntnissen erzählen. Manchmal treten diese spontan auf, manchmal nach langer und mühevoller Übung. In dem Moment, in dem das geschieht, ist es oft die wunderbarste und befreiendste Erfahrung des ganzen Lebens. Dennoch gehen viele anschließend buchstäblich durch die Hölle. Warum? Manche Menschen sind einfach nicht bereit oder nicht imstande, das Geschehene in ihr Leben zu integrieren. Andere zerstören ihr gegenwärtiges Leben und ihre Beziehungen, weil sie verzweifelt versuchen, die Erfahrung zu wiederholen oder sie festzuhalten. Manche laufen vor ihr davon. Eine Frau erzählte mir einmal, sie hätte sich in ihrem ganzen Leben noch nie so präsent gefühlt – aber wie hätte sie anderen erklären sollen, dass sie in gewissem Sinne nicht mehr da war? Selbst Menschen, die auf eine lange Meditationspraxis zurückblicken, können aus dem Gleichgewicht geraten, wenn sich alles plötzlich in einem völlig neuen Licht zeigt. Lang gehegte Überzeugungen und vieles mehr werden zertrümmert. Andere klammern sich an ihre Einsicht, platzen vor Stolz aufgrund ihrer wertvollen Erfahrung und entwickeln ein Gefühl der

Überlegenheit – sie glauben, das größte Nicht-Selbst weit und breit zu sein.

Statt wahren Frieden und Harmonie bringt eine Erkenntnis oft Unruhe. Wir haben etwas durchschaut, aber ohne die Tiefen auszuloten. Hier ist große Vorsicht geboten. Besonders *nach* einer solchen Erfahrung ist kontinuierliche Übung wichtig, genauso wie Begegnungen mit anderen, die denselben Weg gehen. Wir brauchen Geduld und Sorgfalt, um unsere Einsicht vollständig zu verkörpern, sie dann loszulassen, auszuarbeiten und in der Vielschichtigkeit des Lebens anzuwenden. Dann ist sogar der Tod ruhig, denn der Tod ist ein Teil davon. Aus diesem Grund spricht der Buddhismus seit seinen Anfängen vom »Ungeborenen, Unsterblichen«.

Klare Sicht und wahre Erkenntnis kommen von wahrer Ruhe und führen dorthin zurück. Wahre Ruhe aber durchschaut alles. Manche Meditationsmethoden betonen die Einsicht, andere konzentrieren sich auf das Zur-Ruhe-Kommen, doch Ruhe und Einsicht sind in Wirklichkeit zwei Seiten derselben Medaille. Beide sind wertvolle Zugänge zu dem, was ich mangels eines besseren Ausdrucks als Ursprung bezeichnet habe. Sie wurzeln in diesem Ursprung. Macht euch diese Methoden zunutze, hütet euch jedoch davor, in leerer Ruhe stecken zu bleiben oder euch von scheinbar tiefgründigen Einsichten mitreißen zu lassen. Diese Warnung kommt nicht von ungefähr, denn ich habe selbst in dieser Falle gesteckt. Für sich genommen, stellen weder Ruhe noch Einsicht eine Verwirklichung dar. Erst wenn beide tatsächlich abgefallen sind, enthüllen sie ihren gemeinsamen Ursprung.

Im *Vimalakirti-Sutra* sagt Manjushri zu Vimalakirti, dem großen praktizierenden Laien der frühen buddhistischen Überlieferung:

> Lotosblumen wachsen nicht auf den Bergen, nur sumpfiges Tiefland bringt sie hervor.

Der reine Lotos, der im Schlamm der uns irreführenden Leidenschaften blüht, ist ein Symbol des Buddhismus. Es geht nicht darum, auf dem Gipfel eines Berges transzendente Zustände zu erreichen. Kommt hier und jetzt zur Blüte, vom Ursprung her.

3

LASST ALLE BEDINGUNGEN LOS

Eine klassische Anleitung zum Zazen nach Changlu

Im Zen-Buddhismus wird ein fähiger Schüler nie belehrt. Angeleitet, inspiriert, herausgefordert wird er durchaus, aber nicht belehrt. Weshalb? Von wesentlicher Bedeutung ist, dass jeder von uns es selbst verwirklicht. Das, worauf es ankommt, kann nicht gelehrt werden. Das ist auch gar nicht nötig. Hingegen stellen ein echter »Lehrer« und Dharma-Freunde eine große Unterstützung und Inspiration auf dem Weg dar. Durch gegenseitigen Respekt und durch Vertrauen ergibt sich ganz von selbst eine wertvolle Orientierungshilfe und, falls erforderlich, auch eine echte Herausforderung.

Dennoch müssen wir darauf achten, dass nichts der Aufgabe jedes Einzelnen, sich zu verwirklichen, in die Quere kommt. Häufig auftretende Hindernisse sind etwa eine zu starke Abhängigkeit von Lehrerin oder Lehrer und die fixe Idee, Meditationstechniken perfektionieren zu müssen, um in »Leerheit« zu verweilen oder eine Erleuchtungserfahrung zu machen.

Auf diesen Voraussetzungen basiert mein Kommentar zum chinesischen Klassiker *Zazen-gi*, einer Anleitung zum Zazen, der Hauptpraxis des Zen. Seit vielen Jahrhunderten wird sie bei der Zen-Übung verwendet. Wer der Autor ist, kann nicht mit Sicherheit gesagt werden; bekannt ist jedoch, dass der chinesische Text vor etwa einem Jahrtausend seine heutige Form angenommen hat. In Japan findet er sich sowohl in den »Vier Schriften der Zen-Schule« (jap. Zenshū Shiburoku) wie auch in der »Giftbemalten Trommel« (jap. Zudokko), einem zweibändigen Handbuch der Rinzai-Klosterpraxis. Er stellt die grundlegende Anleitung zum Zazen dar. Andere, spätere Schriften zu diesem Thema, auch die des japanischen Zen-Meisters Dōgen (1200–1253), beziehen sich großenteils Wort für Wort darauf. Kurz und bündig werden hier die Grundlagen der Zen-Meditation dargelegt, darunter die Körperhaltung, die geistige Einstellung und eventuell entstehende Probleme. Wie ein alter, vertrauter Dharma-Freund bietet dieser Text uns noch heute die Anleitung, Inspiration und Herausforderung, die wir brauchen.

Anleitung zum Zazen

Bodhisattvas, die nach Weisheit streben, sollten zuerst großes Mitgefühl in sich wecken, die Vier Großen Gelübde ablegen und Samadhi kultivieren. Gelobt, alle Wesen zu befreien, statt nur für euch selbst nach Befreiung zu streben!

Lasst dann alle Bedingungen los und bringt alle Sorgen zur Ruhe, sodass Körper und Geist eins werden und keine Trennung mehr besteht zwischen Bewegung und Stille. Seid mäßig im Essen und Trinken, nehmt weder zu viel noch zu wenig zu euch. Regelt euren Schlaf, ohne euch seiner zu berauben noch euch ihm übermäßig hinzugeben.

Breitet zum Zazen an einem ruhigen Ort eine dicke Matte aus, lockert eure Kleidung, behaltet jedoch eine angemessene Haltung bei, und setzt euch im vollen Lotossitz nieder. Legt zuerst den rechten Fuß auf den linken Oberschenkel, dann den linken Fuß auf den rechten, oder sitzt im halben Lotos und legt den linken Fuß auf den rechten Oberschenkel.

Legt nun die rechte Hand auf den linken Fuß und die linke Hand in die rechte, sodass sich die Daumen berühren. Richtet den Oberkörper auf und dehnt ihn nach vorne, wiegt euch von einer Seite zur anderen und setzt euch dann aufrecht hin. Neigt euch nicht zur Seite, nach vorne oder hinten. Ordnet Becken, Wirbelsäule und Kopf an wie eine Stupa, aber wendet keine Anstrengung auf, um den Körper aufzurichten, da dies den Atem einschränkt und Unbehagen verursacht. Die Ohren sind an den Schultern ausgerichtet, die Nase befindet sich über dem Nabel, die Zunge ruht am Gaumen, der Mund ist sanft geschlossen, und die Augen sind leicht geöffnet, damit keine Schläfrigkeit aufkommt.

Das ist ideal, um die konzentrierte Kraft von Dhyana aufrechtzuerhalten. In früheren Zeiten saßen vortreffliche Mönche, die in dieser Praxis erfahren waren, stets mit offenen Augen. Zen-Meister Fayun Yuantong tadelte jene, die mit geschlossenen Augen dasaßen – sie übten wie in einer Geisterhöhle in einem dunklen Berg. Das tat er aus gutem Grund, wie erfahrene Übende wohl wissen.

Wenn sich der Körper ruhig niedergelassen hat, reguliert ihr den Atem und entspannt den Bauch. Lasst keine Gedanken aufkommen, weder gute noch schlechte. Stellt sich doch ein Gedanke ein, nehmt ihn wahr. Sobald ihr ihn wahrnehmt, verflüchtigt er sich. Irgendwann sind die Bedingungen vergessen, und alles ist auf natürliche Weise geeint. Das ist das Wesen von Zazen.

Zazen ist wahrhaft das Dharma-Tor zu Wohlbefinden und Freude. Wird man krank davon, übt man nicht mit gebührender Sorgfalt. Wird auf rechte Weise geübt, so wird der ganze Körper von selbst leicht und entspannt, das Gemüt frisch, der Geist klar. Der Geschmack des Dharmas bleibt erhalten, und man ist ruhig, rein und voller Freude.

Habt ihr bereits eine Verwirklichung erfahren, so ist das, wie wenn ein Drache ins Wasser hineinfährt oder wie wenn ein Tiger die Berge durchstreift. Müsst ihr es noch verwirklichen, gebraucht den Wind, um die Flamme anzufachen; handelt in Absichtslosigkeit, große willentliche Anstrengung ist nicht vonnöten. Findet selbst die Bestätigung, dann werdet ihr nicht getäuscht werden.

Führt der Pfad jedoch in die Höhe, wimmelt es dort von Dämonen, und es treten allerhand Erfahrungen auf, angenehme wie unangenehme. Bleibt einfach achtsam, dann wird euch nichts dergleichen zum Hindernis. Im »Surangama-Sutra«, im »Tiantai Zhiguan« und in Guifengs »Anweisung zu Kultivierung und Verwirklichung« werden diese dämonischen Zustände ausführlich beschrieben; so könnt ihr euch im Voraus dagegen wappnen.

Wenn ihr aus der Meditation herauskommt, bewegt euch langsam und steht ruhig auf, ohne Hast und Grobheit. Bedient euch zu allen Zeiten geeigneter Mittel, um die konzentrierte Kraft von Dhyana zu bewahren und zu erhalten, so als würdet ihr einen Säugling auf dem Arm tragen. Dadurch entwickelt sich diese Kraft mühelos.

Dies ist die vordringlichste Aufgabe, denn wenn ihr nicht ruhig und gefasst übt, werdet ihr letztendlich völlig verloren sein. Wer nach der Perle sucht, tut dies am besten, indem er die Wellen beruhigt. Ist das Wasser der Konzentration still und klar, so offenbart sich die Perle des Geistes von selbst.

Daher heißt es im »Sutra der vollkommenen Erleuchtung«, dass durch Dhyana die schrankenlose, reine Weisheit entsteht. Im Lotos-Sutra steht, man solle an einem stillen Ort den Geist kultivieren und zur Ruhe kommen lassen, bis er so ruhig ist wie der Berg Meru. Um das Weltliche und das Heilige zu transzendieren, ist daher ruhige Meditation vonnöten. Ob man befreit im Sitzen oder Stehen dahinscheiden kann, hängt von der konzentrierten Kraft von Dhyana ab.

Selbst wenn ihr dieser Sache euer Leben widmet, müsst ihr darauf achten, nicht zu versagen. Und wenn ihr eure Zeit vergeudet, wie in aller Welt wollt ihr dann eure karmischen Hindernisse überwinden? Daher hat ein Weiser in alter Zeit gesagt, ohne die konzentrierte Kraft von Dhyana kauere man am Tor des Todes. Mit verhüllten Augen beendet man sein Leben vergeblich wie ein Vagabund.

Vom Glück begünstigte Dharma-Freunde, lest diese

Anleitungen bitte wieder und wieder! Lasst uns alle gemeinsam vollständig erwachen – zum eigenen Nutzen und zum Nutzen anderer Wesen!

Dies ist eine Anweisung für die spirituelle Praxis, keine philosophische Abhandlung und kein theologisches Traktat. Dennoch beginnt sie mit einer Passage, die eher vage und abgehoben erscheinen mag:

Bodhisattvas, die nach Weisheit (Skr. Prajna) streben, sollten zuerst großes Mitgefühl in sich wecken, die Vier Großen Gelübde ablegen und Samadhi (Konzentration) entwickeln. Gelobt, alle Wesen zu befreien, statt nur für euch allein nach Befreiung zu streben!

So also fangen wir an? Was bedeuten diese Sätze? Gerichtet sind sie an nach Weisheit *(Prajna)* strebende Bodhisattvas. Wörtlich genommen ist ein Bodhisattva ein erwachtes Wesen. Doch dies ist nichts Vages oder Abstraktes, sondern ein ganz konkretes Wesen wie du und ich. Die Weisheit im Sinne von *Prajna* ist mehr als Wissen oder Gelehrsamkeit, sie ist eine Weisheit, die befreit – die Weisheit des Erwachens. Bereits in diesem ersten Satz wird zudem das »große Mitgefühl« erwähnt. Mit ihm beginnt die eigentliche Praxis.

Hört sich das entmutigend oder verwirrend an? Zweifelt ihr vielleicht an diesem »großen Mitgefühl« in euch selbst und kommt deshalb gar nicht erst in Gang? Fangt einfach dort an, wo ihr seid, das ist genug. Durch engagierte Praxis wird euch bald klar werden: Alles, auch eure mühevollen Versuche, entsteht aus großem Mitgefühl heraus. Manchmal wird dieses Mitgefühl als Ziel unserer Praxis bezeichnet, doch es ist auch die Wurzel, die uns erdet und nährt. Es ist kein unbestimmtes Ideal; widmet euch der Praxis und findet es selbst heraus.

Als Nächstes werden die »Vier Großen Gelübde« erwähnt. In ihnen geht es darum, die zahllosen Wesen zu befreien, unsere endlosen Illusionen loszulassen, den unermesslichen *Dharma* zu durchdringen und den unvergleichlichen Weg zu verwirklichen. Auch hier liegt die Priorität auf unserem Mitgefühl, das alle Wesen befreit. Die Aufforderung, *Samadhi* (Konzentration) zu entwickeln und zu vertiefen, weist auf die nötige Disziplin hin. Dies gilt besonders zu Beginn unserer Praxis auf dem Sitzkissen. Wenn man durch geduldige und ausdauernde meditative Konzentration alles in eins versammelt, fügt alles sich von selbst. Dieser Gedanke wird im nächsten Abschnitt und auch weiter unten im Text wieder aufgenommen, wenn es darum geht, dass diese anfängliche Samadhi-Konzentration sich zu *Dhyana* vertieft.

Der erste Abschnitt endet mit der erneuten Mahnung, dass wir für alle Wesen praktizieren sollten, nicht nur für uns selbst. Doch die meisten von uns – auch ich selbst – haben mit der Praxis begonnen und hatten zuerst einmal sich selbst im Sinn. Das ist in Ordnung, fangt dort an – aber setzt euren Weg mit offenem Geist und Herzen fort.

Lasst dann alle Bedingungen los und bringt alle Sorgen zur Ruhe, sodass Körper und Geist eins werden und keine Trennung mehr besteht zwischen Bewegung und Stille. Seid mäßig im Essen und Trinken, nehmt weder zu viel noch zu wenig zu euch. Regelt euren Schlaf, ohne euch seiner zu berauben noch euch ihm übermäßig hinzugeben.

Nachdem wir uns mithilfe der einführenden Hinweise so gut wie möglich vorbereitet haben, werden wir aufgefordert, »alle Bedingungen loszulassen und alle Sorgen zur Ruhe zu bringen«. Gemeint sind damit äußere Bedingungen sowie unsere inneren Sorgen und Bedenken. Alles wird in *Zazen* auf ganz natürliche Weise zur Ruhe gebracht, nicht ignoriert oder unterdrückt.

Es fällt schwer, dies zu verwirklichen, wenn wir darauf fixiert sind, dass es eine Welt außerhalb von uns und eine innere Welt in unserem Kopf gibt. Schließlich handelt es sich nicht um zwei vollständig voneinander getrennte Welten. Wer aber trifft diese Unterscheidung – und von welchem Standpunkt aus? In konzentriertem Zazen kommen all diese Unterscheidungen von selbst zur Ruhe. Dasselbe gilt, wenn wir dasitzen und denken, unser Körper sei außen, unser Geist hingegen innen. Daher lassen wir unsere gesamte Energie zusammenströmen, bis Körper und Geist auf natürliche Weise eins geworden sind.

Wie soll das gehen? Das wird weiter unten erklärt, nachdem die Körperhaltung behandelt wurde. In der Praxis lassen wir zuerst den Körper zur Ruhe kommen, dann fällt es leichter, auch den Geist zur Ruhe kommen zu lassen. In diesem Abschnitt wird ein kurzer Überblick über die wichtigsten Punkte gegeben.

Wenn unsere Praxis sich vertieft, beschränkt sie sich nicht mehr nur auf die Zeit, die wir auf dem Meditationskissen verbringen. Die Praxis entwickelt sich zu dem, was wir *sind* – in der Ruhe des Sitzens ebenso wie in Aktivität.

Daher setzt eine Praxis wie *Kinhin* (meditatives Gehen) die Konzentriertheit des Sitzens fort, jetzt allerdings in einer einfacheren Übung wie dem achtsamen Gehen, bei dem wir den Schritten der Person vor uns folgen. Wenn wir nach einer solchen Pause auf unser Sitzkissen zurückkehren, beginnen wir mit unserer Praxis nicht von Neuem, wir setzen sie schlicht und einfach fort – nun wieder im Sitzen.

Der Abschnitt endet mit einer Ermahnung an die Bodhisattvas, sich so viel Nahrung und Schlaf zu gönnen, wie sie brauchen, aber auch nicht mehr. Der Ablauf eines *Sesshins* (eines mehrtägigen Meditationsretreats) ist mit Sorgfalt so gestaltet, dass wir dies befolgen können. Versucht, diese Haltung auch in eurem Alltag umzusetzen.

Breitet zum Zazen an einem ruhigen Ort eine dicke Matte aus, lockert eure Kleidung, behaltet jedoch eine angemessene Haltung bei, und setzt euch im vollen Lotossitz nieder. Legt zuerst den rechten Fuß auf den linken Oberschenkel, dann den linken Fuß auf den rechten, oder sitzt im halben Lotos und legt den linken Fuß auf den rechten Oberschenkel.

Zazen ist keine asketische, selbstquälerische Praxis. Deshalb verwenden wir eine Unterlage, die dick, aber auch fest genug ist, um eine angenehme Körperhaltung zu ermöglichen. Vor allem anfangs ist es hilfreich, an einem ruhigen Ort zu üben. Lockert euren Gürtel und achtet darauf, dass der Körper nicht angespannt oder verkrampft ist. Sitzt aber auch nicht krumm und bucklig da. Der volle Lotossitz wird empfohlen, weil er eine gute Wirkung hat. Die Hüften sind offen; es ist leicht, den Rücken natürlich aufrecht zu halten und aus dem Bauch heraus zu atmen. Wer diesen Sitz bequem einnehmen oder sich durch Dehn- und Lockerungsübungen allmählich hineinfinden kann, sollte das unbedingt tun. Der volle Lotossitz ist die beste Körperhaltung für eine längere Meditation.

Ist das nicht möglich – kein Problem. Wie erwähnt, ist auch der halbe Lotossitz geeignet. Ihr braucht euch keine Gedanken darüber zu machen, welches Bein oben liegen sollte; beide taugen gleich gut. Falls möglich, solltet ihr das oben liegende Bein gelegentlich wechseln, damit nicht zu viel Druck auf einer Seite des Körpers entsteht. Wenn weder voller noch halber Lotossitz eingenommen werden können, stehen viele andere Sitzhaltungen zur Verfügung, etwa der sogenannte *burmesische Sitz,* wo beide Unterschenkel flach auf dem Boden liegen, oder *Seiza,* wo man mit einem Bänkchen oder Kissen unter dem Gesäß sitzt. Man kann auch einen Stuhl verwenden, sollte sich allerdings nicht anlehnen. Entscheidend ist, sich immer auf natürliche Weise aufzurichten, um während einer längeren Meditationsphase konzentriert und wach zu bleiben. Probiert verschiedene Haltungen, Sitzkissen und Bänkchen aus, um herauszufinden, was gut für euch ist.

Legt nun die rechte Hand auf den linken Fuß und die linke Hand in die rechte, sodass sich die Daumen berühren. Richtet den Oberkörper auf und dehnt ihn nach vorne, wiegt euch von einer Seite zur anderen und setzt euch dann aufrecht hin. Neigt euch nicht zur Seite, nach vorne oder hinten. Ordnet Becken, Wirbelsäule und Kopf an wie eine Stupa, aber wendet keine

Anstrengung auf, um den Körper aufzurichten, da dies den Atem einschränkt und Unbehagen verursacht. Die Ohren sind an den Schultern ausgerichtet, die Nase befindet sich über dem Nabel; die Zunge ruht am Gaumen, der Mund ist sanft geschlossen, und die Augen sind leicht geöffnet, damit keine Schläfrigkeit aufkommt.

Die Hände so auf die Füße zu legen, bezieht sich auf den vollen Lotossitz. Unabhängig davon, in welcher Beinposition ihr sitzt, legt die Hände unterhalb des Nabels ab, sodass sich die Daumen auf Nabelhöhe leicht berühren. Das hilft dabei, den Oberkörper zu stabilisieren und den Atem in den Bauch sinken zu lassen. Richtet den Oberkörper auf, um nicht krumm zu werden. Dehnt euch nach vorne und wiegt euch dann sanft von einer Seite zur anderen, um eine gerade Haltung zu finden. Das gelingt auch, indem man sich behutsam vor und zurück bewegt.

Ich finde es nützlich, mich nach vorne zu dehnen, bis meine Stirn den Boden berührt, um mich dann langsam wieder aufzurichten und zu spüren, wie mein Gesäß sich nach hinten bewegt und ins Kissen drückt. Die Wirbelsäule nimmt so eine aufrechte Haltung ein. Spürt, wie Rücken, Hals und Kopf auf natürliche Weise eine sich stützende Einheit bilden. Vermeidet Anstrengung und Zwang. Die Anweisungen dieses Textes sind das Ergebnis eines langen, systematischen Ausprobierens. Wenn ihr sie anwendet, werdet ihr bald erkennen: Wenn wir richtig sitzen und der Mund leicht geschlossen ist, ruht die Zunge am oberen Gaumen. Die Augen leicht geöffnet zu halten, fällt vielen hingegen schwer. Diesem Thema widmet sich der nächste Abschnitt.

Der Mund ist sanft geschlossen und die Augen leicht geöffnet, damit keine Schläfrigkeit aufkommt. Das ist ideal, um die konzentrierte Kraft von Dhyana *(Versenkung, Meditation) aufrechtzuerhalten. In früheren Zeiten saßen vortreffliche Mönche, die in dieser Praxis erfahren waren, stets mit offenen Augen. Zen-Meister Fayun Yuantong tadelte jene, die mit geschlossenen Augen dasaßen – sie übten wie in einer Geisterhöhle in einem dunklen Berg. Das tat er aus gutem Grund, wie erfahrene Übende wohl wissen.*

Jetzt hat sich der im ersten Abschnitt erwähnte Samadhi vertieft und zur konzentrierten Kraft von Dhyana verdichtet. Die Augen leicht geöffnet zu halten, ist die im Zen übliche Methode. Im Alltagsleben sind wir jedoch daran gewöhnt, die Augen entweder offen oder geschlossen zu haben, weshalb es uns unnatürlich vorkommen mag oder schwerfällt, sie leicht zu öffnen. Doch ist genau das hier erforderlich. Wenn die Augen vollkommen geöffnet sind, neigen wir dazu, in der Gegend herumzuschauen, und das Bewusstsein schweift ab. Schließen wir sie, so driften wir häufig in eine Welt der Fantasie und der Träume ab.

Probiert es eine Weile aus, dann werdet ihr sehen: Wenn ihr richtig sitzt, bleiben die Augen von selbst leicht geöffnet, und der Blick richtet sich nach unten, ohne sich auf etwas zu fixieren. Wenn ihr schon eine ganze Weile in Zazen gesessen habt und euch mit leicht geöffneten Augen dennoch nicht wohlfühlt, dann schließt sie – aber nur, solange die Konzentration aufrechterhalten bleibt.

In anderen buddhistischen Traditionen sitzt man mit geschlossenen Augen, also macht euch deshalb nicht allzu viele Gedanken. Es gibt allerdings gute Gründe, weshalb wir im Zen die Augen nicht schließen. Überprüft es selbst. Leicht geöffnete Augen verhindern nicht nur, dass ihr abschweift oder in einer leblosen Abwesenheit versinkt (»wie in einer Geisterhöhle in einem dunklen Berg«), es wird euch auch leichter fallen, bei euren alltäglichen Verrichtungen konzentriert zu bleiben – ohne innere Abwesenheit oder Unterbrechung.

Wenn sich der Körper ruhig niedergelassen hat, reguliert den Atem und entspannt den Bauch. Lasst keine Gedanken aufkommen, weder gute noch schlechte. Stellt sich doch ein Gedanke ein, nehmt ihn wahr. Sobald ihr ihn wahrnehmt, verflüchtigt er sich. Irgendwann sind die Bedingungen vergessen, und alles ist auf natürliche Weise geeint. Das ist das Wesen von Zazen.

Zuerst wird der Körper zur Ruhe gebracht. Dann folgt das verfeinerte Beruhigen des Geistes, indem man entspannt vom Unterbauch aus atmet. Erzwingt nichts. Die beste Methode ist zu atmen, ohne etwas hinzuzufügen: kein *Mantra,* kein *Koan*, keine andere religiöse Form – nichts, sondern einfach das zu tun, was wir immer schon tun, um uns am Leben zu halten. Doch sind wir uns unseres Atems meist nicht bewusst, weil wir uns in unserem Kopf verloren haben und von unserem Körper getrennt sind. Dennoch atmen wir, ob wir uns dessen bewusst sind oder nicht.

Der entscheidende Punkt beim Zazen ist, nicht über das Atmen nachzudenken, sondern es einfach zu tun, vollkommen eins zu werden mit dem Atem und nicht mehr von ihm getrennt zu sein. Gelingt uns das, so werden wir bald erfahren, was es bedeutet, »keinerlei Gedanken aufkommen zu lassen, weder gute noch schlechte«. Das Wort »Gedanke« bezieht sich hier nicht nur auf das diskursive Denken, sondern auch auf Erinnerungen und Erwartungen, Empfindungen und Gefühle. Allerdings müssen wir damit rechnen, dass dennoch immer wieder Gedanken auftauchen. Registriert sie einfach; nehmt sie nicht auf und beschäftigt euch nicht mit ihnen. Kritisiert euch aber auch nicht, weil ihr sie habt. Gratuliert euch nicht einmal, wenn ihr eine Weile keine Gedanken habt, denn das ist auch schon wieder ein Gedanke. Lässt man in konzentrierter Meditation Geist (und Körper) einfach so sein, wie sie sind, verschwinden die Gedanken mit der Zeit von allein. Vermehren sich die Gedanken hingegen, seht nach, was schiefläuft. Hierbei ist es ausgesprochen hilfreich, gute Unterweisung zu haben.

Durchdringt klar, was ihr gerade tut. Wenn ihr euren Gedanken nachhängt und sie nährt, spinnen sie sich weiter fort. Dies geschieht jedoch auch, wenn man versucht, von ihnen wegzukommen. Ihr braucht gar nichts mit ihnen anzufangen. Registriert sie einfach und lasst sie dann das sein, was sie sind; aus sich heraus können sie nicht existieren.

Schließlich kommt man dann zu dem Punkt, wo »die Bedingungen vergessen und alles auf natürliche Weise Geeint« ist. So geht es fort zum Anfang des zweiten Abschnitts, wo es darum geht, »alle Bedingungen loszulassen und alle Sorgen zur Ruhe zu bringen, sodass Körper und Geist eins werden und es keine Aufteilung mehr in Bewegung und Stille gibt«. Hier wird der Ausdruck *»ver-*

gessen« verwendet, doch er bezieht sich nicht darauf, abwesend zu sein. Ganz im Gegenteil, alles ist versammelt und vereint.

Und wenn dies nun geschehen ist, was passiert dann? Überhaupt nichts, vielmehr kommt uns zu Bewusstsein, dass es schon immer so gewesen ist, nur dass es jetzt verwirklicht und erkannt wurde. Es stimmt: »Alles ist auf natürliche Weise geeint. Das ist das Wesen von Zazen.« Ich würde es so ausdrücken: »Das ist das Eintreten in Zazen.« Übt weiter, dann seht ihr, weshalb.

> *Zazen ist wahrhaft das Dharma-Tor zu Wohlbefinden und Freude. Wird man krank davon, übt man nicht mit gebührender Sorgfalt. Wird auf rechte Weise geübt, so wird der ganze Körper von selbst leicht und entspannt, das Gemüt frisch, der Geist klar. Der Geschmack des Dharma (Lehre Buddhas, universelles Gesetz) bleibt erhalten, und man ist ruhig, rein und voller Freude.*

Wenn ihr unruhig sitzt, ist Zazen keineswegs das »Dharma-Tor zu Wohlbefinden und Freude«! Und doch trifft dies letztlich zu. Doch »durch alles hindurch« zu sitzen, ist der einzige Weg, dies zu entdecken. Es muss im eigenen Körper bestätigt werden. Falls zwischenzeitlich beim Zazen ein Problem auftaucht, beobachtet, was schiefläuft, und korrigiert es. Nehmt an Retreats teil, beschäftigt euch immer wieder mit diesen Anweisungen zum Zazen, teilt eure Fragen und Sorgen mit Dharma-Freunden. Wenn ihr den Dreh heraushabt, werdet ihr es merken. Statt nach einer längeren Meditation Müdigkeit und Schmerzen zu empfinden, werdet ihr euch in Körper und Geist frisch, leicht und frei fühlen. Setzt euren Weg fort!

> *Habt ihr bereits eine Verwirklichung erfahren, so ist das, wie wenn ein Drache ins Wasser hineinfährt oder wie wenn ein Tiger die Berge durchstreift. Müsst ihr es noch verwirklichen, gebraucht den Wind, um die Flamme anzufachen; handelt in Absichtslosigkeit, große willentliche Anstrengung ist dabei nicht vonnöten. Findet die Bestätigung selbst, dann werdet ihr nicht getäuscht werden.*

In der chinesischen Überlieferung haust der Drache im Wasser und ist oft ein Symbol für Weisheit. »Wie ein Drache ins Wasser hineinzufahren oder wie ein Tiger die Berge zu durchstreifen« bedeutet, sich völlig in seinem Element zu fühlen und endlich wieder daheim zu sein. Es ist, wie es ist. Nun beginnt die wahre Praxis.

Wenn ihr es jedoch noch nicht verwirklicht habt? Kein Problem, fahrt einfach damit fort, euch auf natürliche Weise ganz der Übung hinzugeben, ohne etwas durch Willenskraft zu erzwingen. Wenn ihr absichtslos handelt, entfernt davon, nachlässig zu werden oder eure Kraft zu verlieren, gibt es nichts, das euch zurückhalten oder den Weg versperren könnte. Damit verglichen ist reine Willenskraft vollkommen kraftlos, denn es bedarf nur eines Augenblicks der Unaufmerksamkeit, und schon ist sie dahin. Statt stecken zu bleiben und euch in eurem Kopf im Kreis zu drehen, spürt ihr, wie eure Praxis in euch Gestalt annimmt, bis sie fest und direkt in dem wurzelt, was sie nährt. Jetzt könnt ihr sie selbst mit eurem Körper bestätigen.

Führt der Pfad jedoch in die Höhe, wimmelt es dort von Dämonen, und es treten allerhand Erfahrungen auf, angenehme wie unangenehme. Bleibt einfach achtsam, dann wird euch nichts dergleichen zum Hindernis. Im »Surangama-Sutra«, im »Tiantai Zhiguan« und in Guifengs »Anweisung zu Kultivierung und Verwirklichung« werden diese dämonischen Zustände ausführlich beschrieben; so könnt ihr euch im Voraus dagegen wappnen.

Unabhängig davon, ob ihr eine Verwirklichung erlebt habt oder nicht, können allerhand Erfahrungen, Visionen und dergleichen auftauchen. Was im alten China als dämonisch bezeichnet wurde, sind mentale Hindernisse, die zum Tragen kommen, solange noch Anhaftung besteht. Wenn ihr die rechte Achtsamkeit beibehaltet, werdet ihr durch sie hindurchgehen, ohne euch davon stören zu lassen. Im obigen Abschnitt werden mehrere Schriften erwähnt, die heute jedoch nur noch schwer verständlich sind: das *Surangama-Sutra* sowie ein Werk des chinesischen Tiantai-Meisters Zhiyi (jap. Chigi, 538–597) mit dem Titel *Tiantai Zhiguan* und eines von dem genialen Mönchsgelehrten Guifeng Zongmi (780–841). Wir sollten uns daher lieber an etwas wie die konkreten Ermahnungen zum »Großen Zweifel« halten, die Boshan (auch Wuyi Yuanlai, 1575–1630) verfasst hat und die ich an anderer Stelle ausführlich erläutert habe. Wenn wir sie uns zu Herzen nehmen, sind wir gut vorbereitet.

Wenn ihr aus der Meditation herauskommt, bewegt euch langsam und steht ruhig auf, ohne Hast und

Grobheit. Bedient euch sodann zu allen Zeiten geeigneter Mittel, um die konzentrierte Kraft von Dhyana zu bewahren und zu erhalten, so als würdet ihr einen Säugling auf dem Arm tragen. Dadurch entwickelt sich diese Kraft mühelos.

Das ist ein passender Rat, während wir geduldig und sorgfältig unseren Weg gehen. Dennoch müssen wir uns im Alltag verschiedenen Dingen zuwenden, und dann dreht sich unser Fokus ganz natürlich in eine andere Richtung. Wenn die Praxis an Reife gewinnt, bleibt die konzentrierte Kraft von Dhyana jedoch immer erhalten wie eine Strömung unterhalb der Wasseroberfläche. Manche Zen-Lehrer behaupten sogar, sie könne nicht mehr verloren gehen, sobald wir uns einmal hindurchgearbeitet haben, egal, wie abrupt wir vom Kissen aufstehen oder gar aufspringen. So weit, so gut; kehrt nun mit Geduld, Sorgfalt und Aufmerksamkeit zu eurer Praxis zurück.

Dies ist die vordringlichste Aufgabe, denn wenn ihr nicht ruhig und gefasst übt, werdet ihr letztendlich völlig verloren sein. Wer nach der Perle sucht, tut dies am besten, indem er die Wellen beruhigt. Ist das Wasser der Konzentration still und klar, so offenbart sich die Perle des Geistes von selbst.

Das große Thema von Leben und Tod ist tatsächlich unsere vordringlichste Aufgabe. Wir können so viele angenehme Fantasien heraufbeschwören, wie wir wollen – sie werden nutzlos sein, wenn wir mit dem Tod oder einer echten Tragödie im Leben konfrontiert sind. Die Metapher von der Perle bezieht sich auf eine kontinuierliche Praxis, durch die die Wellenbewegungen des Geistes und alle Sinneserfahrungen zur Ruhe kommen. Außerdem besagt sie, dass das, was wir suchen, sich von selbst offenbart. Beruhigt daher die Wellen, bis sie verebbt sind, und erkennt dann, was da ist. Es wird weder eine Fantasie noch eine Einsicht, ein Geisteszustand oder eine Sinneserfahrung sein.

Daher heißt es im Sutra der vollkommenen Erleuchtung, dass durch Dhyana die schrankenlose, reine Weisheit entsteht. Im Lotos-Sutra steht, man solle an einem stillen Ort den Geist kultivieren und zur Ruhe kommen lassen, bis er so ruhig ist wie der Berg Meru. Um das Weltliche und das Heilige zu transzendieren, ist daher ruhige Meditation vonnöten. Ob man befreit im Sitzen oder Stehen dahinscheiden kann, hängt von der konzentrierten Kraft von Dhyana ab.

Den dahinrasenden Strom der Gedanken durch die konzentrierte Kraft von Dhyana zu verlangsamen, ist ausgesprochen hilfreich und geht in die richtige Richtung. Allerdings müssen der Gedankenstrom und alle sinnlichen Erfahrungen nicht nur langsamer werden, sie müssen schließlich völlig zum Stillstand kommen, damit wir sehen können, was da ist. Das ist das Wesen von Zazen. Andernfalls neigt die konzentrierte Kraft von Dhyana dazu, zu einem lediglich vorübergehend wirksamen Heilmittel zu werden. Schlimmstenfalls ist sie sogar eine ungesunde Flucht vor unserem inneren Chaos. Daher müssen wir uns vor jeder halbherzigen Praxis hüten.

Lasst die Sinneserfahrung zu einem Ende kommen und seht, was da ist. Wo ist nun die Unterscheidung zwischen weltlich und heilig? Wer unterteilt in Leben und Tod? Der Tod ist nichts anderes als dies: Wenn es Zeit ist, lasst euch nieder, um ruhig dahinzugehen. Ohne die konzentrierte Kraft von Dhyana – und ohne eine heilsame Lebensweise – wird jeder Einblick, den man gewinnt, mehr schaden als nützen. Gebt euch also unbedingt voll und ganz einer kontinuierlichen Praxis hin, ohne darüber nachzudenken, wann, wo und wie ihr das tut. In welchem Sinne aber *sind die Dinge von der konzentrierten Kraft von Dhyana abhängig und durch sie bedingt*? Denkt gut darüber nach!

> *Selbst wenn ihr dieser Sache euer Leben widmet, seid auf der Hut, nicht zu kurz zu greifen. Und wenn ihr eure Zeit vergeudet, wie in aller Welt wollt ihr dann eure karmischen Hindernisse überwinden? Daher hat ein Weiser in alter Zeit gesagt, ohne die konzentrierte Kraft von Dhyana kauere man am Tor des Todes. Mit verhüllten Augen beendet man sein Leben vergeblich wie ein Vagabund.*

Diese Sätze bilden einen auffälligen Kontrast zum vorigen Abschnitt. Der Autor scheint beflissen, uns zu mahnen, nicht nachlässig zu sein und dieses kostbare Leben bestmöglich zu nutzen. Worauf wartet ihr also? Der Ausdruck »karmische Hindernisse« mag unbestimmt und seltsam klingen. Sobald wir uns jedoch ernsthaft der Praxis widmen, wird die hartnäckige Kraft unserer gewohnten (karmischen) Anschauungen offensichtlich und klar werden. Solche tief verwurzelten Prägungen verschwinden nicht so leicht wie ausschweifendes Grübeln. Abhängig von den Umständen kehren sie immer wieder. Daher führen wir ein heilsames Leben und widmen uns geduldig unserer Praxis. Die konzentrierte Kraft von Dhyana bleibt bestehen, unabhängig davon, ob eine Sache durch sie bedingt ist oder nicht.

> *Vom Glück begünstigte Dharma-Freunde, lest diese Anleitungen bitte wieder und wieder! Lasst uns alle gemeinsam vollständig erwachen – zum eigenen Nutzen und zum Nutzen anderer Wesen!*

Die Anweisungen zum Zazen enden dort, wo sie angefangen haben, nämlich dass durch Mitgefühl alle erwachen. Wenn wir sehen, was wirklich ist, ist die Prajna-Weisheit, die wir anfangs erlangen wollten, nicht vom Mitgefühl getrennt. Dies ist nicht nur unsere eigentliche Basis, es ist auch das, wonach wir unablässig streben.

Was für ein Glück wir haben! Findet dafür selbst die Bestätigung – und wenn ihr sie schon gefunden habt, dann geht den Weg unbedingt weiter.

TEIL ZWEI

Über das Selbst hinaus

4

EINS SEIN – FREI SEIN VOM SELBST

Samadhi und Dhyana

Der Weg der Meditation

Jeder Mensch, ob er nun meditiert oder nicht, erlebt verschiedene Geisteszustände. Gut, wenn man sie richtig einordnen kann. Im Folgenden geht es um bestimmte Erfahrungen in der Meditation, hauptsächlich um *Samadhi* und *Dhyana.* Samadhi bedeutet schlicht »Einswerden« und beschreibt den Prozess, der dem tatsächlichen Einswerden mit dem Meditationsobjekt vorausgeht. Bei Dhyana geht es darum, frei vom Selbst zu sein und so dann auch zu handeln.

Das buddhistische Denken kann sehr kompliziert sein, besonders aus westlicher Perspektive. Auch wenn wir noch so oft gehört oder gelesen haben, was die Vier Edlen Wahrheiten bedeuten, begreifen wir es womöglich trotzdem nicht. Wir ahnen, dass da etwas sehr Tiefgründiges genau beschrieben wird, aber die Worte klingen dennoch seltsam, fremd und weit von unserer eigenen Erfahrung entfernt. An diesem Punkt kommt die Meditationspraxis zum Zug. Sie ermöglicht uns, die Wahrheiten des Buddhismus zu entdecken und zu überprüfen.

Dabei geht es nicht etwa um Glauben, Vertrauen oder intellektuelles Verständnis. Durch die eigene Erfahrung erhalten wir zumindest eine Vorstellung vom lebendigen Buddhismus. Deshalb möchte ich euch einladen, in die Meditation einzutauchen und sie euch zu eigen zu machen.

Alltag und Meditation

Stellt euch zunächst einmal die Frage: Führt ihr einen gesunden, heilsamen Lebenswandel? Wenn nicht, beginnt noch heute damit. Wer einem spirituellen Weg folgt und dabei voller Gier und Illusionen ist, gleicht einem Menschen, der sich Gewichte auflädt, um einen Fluss zu überqueren. Noch schlimmer – manche Menschen glauben, sie müssten lediglich »erleuchtet« werden, um sich nicht mehr um banale, weltliche Dinge kümmern zu müssen. Das ist so, als wollte man sich aus Treibsand befreien, indem man sich noch mehr Ballast auflädt.

Ein gutes, aufrichtiges und ethisch orientiertes Leben unterstützt die Meditationspraxis, und die Praxis wiederum trägt zu einem heilsamen, glücklichen Leben bei. Beides, Alltag und Meditation, sind von entscheidender Bedeutung, sollten Hand in Hand gehen und sich gegenseitig bestärken.

Zeit und Disziplin sind für den Weg der Meditation unabdingbar. Wer richtig übt und sich ganz hingibt, merkt allerdings, dass die Meditation an sich überhaupt nicht schwierig ist. Das eigentliche Problem ist der Geist, der ständig abgelenkt wird und uns ablenkt.

Es gibt viele gute Methoden, um eins mit unserem meditativen Tun zu werden und in den Zustand des Samadhi einzutreten. Eine ist die Konzentration auf ein Objekt, zum Beispiel auf den Atem. Unser Bewusstsein neigt dazu, wegzudriften und sich zu zerstreuen. Deshalb beginnen wir damit, unsere Aufmerksamkeit zu sammeln, all unsere Energien zu bündeln und uns auf jede Ausatmung oder auf die Zahl Eins zu konzentrieren. Für manche ist das am Anfang relativ schwierig, aber wenn man durchhält und den Geist darin schult, nicht mehr wegzudriften, entsteht die Konzentration von ganz allein. Das ist bereits ein Zustand des Samadhi, des Eins-Seins. Was geschieht dabei? Die Sinne haben sich beruhigt. Normalerweise ist der Geist sehr zerstreut, weil ihn innere und äußere Formen ablenken. Er ist ständig in Bewegung. Tatsächlich ist alles, was wir wahrnehmen – sehen, hören, schmecken, berühren, fühlen, denken –, von Natur aus instabil. Es trägt bereits den Keim des Vergehens in sich. Diese Gegebenheit, die Erste Edle Wahrheit des Buddhismus, wird durch unsere meditative Erfahrung bald vollkommen klar.

Wenn wir in den Zustand des Eins-Seins, des Samadhi, eintreten und darin verweilen, finden wir Ruhe und Konzentration. Wir sind dann zwar durchaus noch in der Lage, unsere Sinne zu gebrauchen, aber die Aufmerksamkeit ist viel feiner und stärker gebündelt. Wir haben sozusagen einen Gang heruntergeschaltet. Unser Blick ist klarer, und wir sind nicht mehr in alle möglichen Dinge verstrickt.

Dieser Zustand hat nichts Mysteriöses an sich, er ist eine Erfahrung, die wir alle machen können. Dafür müssen wir uns nur eine Weile der Übung hingeben, zum Beispiel dem Zazen. Auch im Alltag ist es eine große Hilfe, sich ganz auf eine Aufgabe konzentrieren zu können. Aber das ist nicht das Ziel buddhistischer Meditation.

Hat man einen Zustand des Eins-Seins erreicht, ist es wichtig, klar zu erkennen, was er ist und was nicht. Erfahren wir ihn als einen Moment voller Stille, Klarheit und Konzentration, so wissen wir, dass wir in die richtige Richtung gehen. Zugleich ist jedoch auch klar, dass es sich um einen vorübergehenden Zustand handelt, in den wir eintreten, um ihn wieder zu verlassen. Er ist eindeutig weder das Ziel des Buddhismus noch das Ende des Miss-Behagens. Bestenfalls handelt es sich um eine vorübergehende Pause. Taucht daher in ihn ein und erkennt seinen Wert und seine Grenzen. Dann jedoch müsst ihr durch ihn hindurchgehen.

In den frühesten buddhistischen Meditationsanweisungen wird als erstes Anzeichen dafür, dass man sich auf dem richtigen Weg befindet, eine »ruhige Freude« (Pali: *piti* oder *somanassa*) genannt. Der Unterschied zwischen diesem Zustand und einer alltäglichen Erfahrung ähnlicher Art besteht darin, dass diese Freude mühelos und auf ganz natürliche Weise entsteht. Sie kommt aus den Tiefen unseres Seins. Da wir nichts nachjagen und von nichts und niemandem gejagt werden, geht sie mit einem Gefühl der

Leichtigkeit einher. Sie hat nichts zu tun mit dem Vergnügen daran, etwas gut gemacht zu haben, und sie hat keine sinnliche Ursache. Sie entsteht, weil wir vorübergehend nichts begehren. Das Begehren ist der Grund für unser Leiden, unser ständiges Miss-Behagen, wie die Zweite Edle Wahrheit besagt. Aber so wunderbar es ist, dies entdeckt zu haben, es ist wieder nicht das eigentliche Ziel der buddhistischen Praxis, denn es handelt sich um einen vergänglichen Zustand, der kommt und geht. Erkennt ihn daher mit einem Lächeln, und geht dann durch ihn hindurch.

Wenn wir unsere Konzentration aufrechterhalten und vertiefen, geht dieser Zustand allmählich in eine subtilere Freude und tiefere Gelassenheit über. Wir treten in einen Zustand ein, in dem wir uns des Eins-Seins klar bewusst sind. Diese Erfahrung ist so umfassend, dass wir weder Vergnügen noch Schmerz empfinden. Die Vorteile – und die Gefahren – eines solchen Zustands sind offensichtlich. Klar ist außerdem, dass auch dies nicht das Ziel buddhistischer Praxis ist.

Was hat es mit diesem Zustand dann auf sich? Wir sind völlig im Eins-Sein versunken. Das wissen wir, weil weder angenehme noch schmerzhafte Empfindungen vorhanden sind. Das Fühlen hat nicht aufgehört, aber was wir erfahren, ist weder schmerzhaft noch lustvoll. Solche Unterscheidungen gibt es an diesem Punkt nicht mehr, weil wir ganz und gar im Eins-Sein aufgegangen sind.

Diesen Zustand könnt ihr erleben, wenn ihr euch der rechten Meditation hingebt. Es ist nichts Besonderes dabei. Missversteht ihn daher nicht als eine wundersame esoterische Erfahrung. Das ist er nicht. Wir haben ihn alle schon dann und wann erlebt, zum Beispiel, wenn wir uns ganz in Sport oder Spiel verloren oder auf einen Notfall reagiert haben.

Wenn ihr diesen Zustand in der vertieften Meditation erlebt, erkennt ihn als das, was er ist. Seht seinen Wert, aber auch seine Grenzen. Auch er ist nicht das Ziel der buddhistischen Praxis, ist vergänglich und nicht das Ende allen Miss-Behagens.

Mit Meditationserfahrungen umgehen lernen

Es ist nicht notwendig, solche Zustände zu erleben. Ich behandle sie hier, weil von manchen buddhistischen Richtungen und Meditationslehrern betont wird, man müsse sie – und viele andere – der Reihe nach erfahren, sowohl zu Beginn als auch am Ende der Meditation. Zen allerdings gehört zu den buddhistischen Traditionen, von denen diese Vorstellung abgelehnt wird, denn es kann vorkommen, dass wir uns zwanghaft mit solchen Zuständen und ihren Früchten beschäftigen. Sie können uns so sehr faszinieren, dass wir an ihnen hängen bleiben. Dann werden sie zum Hindernis.

Haben die anderen buddhistischen Traditionen also unrecht? Keineswegs. Wenn Lehrende, die einen solchen Weg der Praxis vermitteln, authentisch sind, sprechen sie aus ihrer eigenen Erfahrung. Sie sind der Reihe nach durch all diese Zustände gegangen, wie es sie eine Person gelehrt hat, die ebenfalls so vorgegangen ist. Wir sollten mit tiefer Wertschätzung hören, was sie aus der Erfahrung heraus weitergeben.

Auch wenn solche Zustände aus der Perspektive des Zen nicht notwendig sind, werdet ihr bei der Meditation einige davon erfahren, ob ihr das wünscht oder nicht. Dann ist es sehr nützlich, sie einordnen zu können, um nicht daran hängen zu bleiben und sie mit etwas zu verwechseln, was sie nicht sind.

Wenn wir uns mit den Meditationserfahrungen beschäftigen, die Buddha Gautama gemacht hat, wird klar, dass er diese Zustände selbst durchlaufen und ihre jeweiligen Vorzüge erkannt hat. Sie sind sehr wertvoll, weil wir uns oft in festgefahrenen Vorstellungen und unheilsamen sinnlichen Genüssen verlieren. Wenn sich die Praxis vertieft und wir die Freude erfahren, nichts suchen zu müssen, neigen wir auf natürliche Weise zu einer Lebensführung, die gut für uns ist. Wir sind nicht länger auf der Jagd nach allem Möglichen, um unserem eigenen Chaos zu entkommen. Das allein tut unheimlich gut!

Allerdings hat Buddha Gautama auch klar erkannt, dass diese Zustände unser Miss-Behagen nicht beenden. Sie werden sogar zu einem Teil davon, wenn wir in ihnen stecken bleiben. Daher hat er nicht an ihnen festgehalten, sondern ist durch sie hindurchgegangen.

Die Erfahrung von tiefer, gelassener Freude ist eine wunderbare Sache. Wer aber nicht mit ihr umgehen kann, bleibt daran kleben: »Stör mich nicht, ich fühle mich gerade so gut!«, heißt es dann oder: »Eigentlich muss ich jetzt überhaupt nichts mehr tun, da kann ich mich doch einfach noch ein bisschen treiben lassen!« Wer sich so verhält, meditiert nicht mehr, sondern lässt sich gehen. Wenn ihr also einen solchen Zustand erlebt, erkennt ihn und nehmt ihn als das wahr, was er ist. Dann lasst ihn los.

Keiner dieser Zustände ist das Ziel der buddhistischen Praxis.

Von Samadhi zu Dhyana und darüber hinaus

Samadhi ist ein Zustand, in den das Selbst eintreten und in dem es eine Zeit lang verweilen kann. Manche dieser Zustände sind subtiler als andere, aber immer ist es das Selbst, das sie erfährt. Dhyana hingegen bedeutet, losgelöst vom Selbst eins zu werden – ein entscheidender Unterschied. In der buddhistischen Tradition werden diese beiden Begriffe allerdings – je nach Richtung, Kultur und Epoche – unterschiedlich verwendet. So bezeichnete man die erwähnte Einheitserfahrung im frühen Buddhismus üblicherweise als »Dhyana der Form«, im Unterschied zum »formlosen Dhyana«. Ich ziehe den Ausdruck »Samadhi« oder »Eins-Sein« vor, weil das Selbst hier immer noch ein wenig im Spiel ist, auch wenn es allmählich im Eins-Sein aufgeht und sich im Laufe des Prozesses auflöst.

Im Dhyana hingegen ist die Illusion des Selbst verschwunden, zumindest vorübergehend. Diese Stufe des formlosen Dhyana nenne ich einfach »Dhyana« oder »Dasein ohne Selbst«. Wichtiger als solche Begriffe ist jedoch die persönliche Erfahrung, die man in folgende vier Stufen einteilen kann.

Erstes formloses Dhyana: Grenzenloser Raum

Beim Eintritt in Samadhi beruhigt sich der Geist, er ist konzentriert und klar. Ein Gefühl der Freude entsteht. Wenn sich Samadhi vertieft, verwandelt diese Freude sich in tiefe Gelassenheit. Am Ende sind wir ganz und gar eins, frei von angenehmen und schmerzhaften Empfindungen.

Wenn wir weitergehen, löst sich auch dieser Zustand auf, und es entsteht das erste formlose Dhyana, der »grenzenlose Raum«. Reste des Zeit- und Raumbewusstseins bleiben erhalten, aber da ist nichts mehr, was den Raum füllen könnte. Dennoch sind wir nicht unbewusst. Es handelt sich nur um eine sehr subtile Form von Bewusstsein oder Wahrnehmung, falls man diese Begriffe verwenden möchte. Dabei ist kein Selbst mehr vorhanden und auch nichts mehr, was im Gegensatz zum Selbst stehen würde. Ist dies das Ziel der buddhistischen Praxis, oder handelt es sich um einen zeitlich begrenzt und bedingt entstandenen Zustand?

Die Antwort ist klar: Die Illusion des Selbst ist zwar verschwunden, doch der Zustand als solcher geht vorüber. Er hebt die Täuschung, das Miss-Behagen des Selbst, nicht vollständig auf. Das hat Buddha Gautama so erlebt und ganz konkret beschrieben. Dann ist er hindurchgegangen, wie auch wir es tun werden.

Zweites formloses Dhyana: Grenzenloses Bewusstsein

Das zweite formlose Dhyana ist das »grenzenlose Bewusstsein«. Selbst der Sinn für Raum und Zeit ist nun verschwunden. Wieder sind wir nicht unbewusst geworden, aber es gibt nichts mehr, was das Bewusstsein festhalten könnte. Es berührt nichts mehr, nimmt keine Formen mehr wahr. Das ist ein sehr tiefer, leichter Zustand, wenn man diesen Ausdruck verwenden möchte. Das intellektuelle Denken hat sich vollständig aufgelöst. Nicht einmal das räumliche Bewusstsein ist mehr da, wenngleich eine subtile Form von Wahrnehmung erhalten bleibt. Auch dieser Zustand kommt und geht, er ist nicht das Ende des Prozesses. Deshalb gehen wir durch ihn hindurch.

Drittes formloses Dhyana: Nicht ein einziges Ding

Das dritte formlose Dhyana kann mit »nicht ein einziges Ding« umschrieben werden. Es gibt weder Raum- und Zeitwahrnehmung noch irgendwelche anderen bewussten Inhalte. Auch wenn also keine bewusste Wahrnehmung mehr stattfindet, handelt es sich nicht um reine Unbewusstheit. Wir nehmen etwas wahr, aber auf eine Art, wie wir es mit dem gewöhnlichen Bewusstsein nicht tun könnten. Nicht ein einziges Ding ist mehr da, weder Subjekt noch Objekt, weder unbegrenzter Raum noch grenzenloses Bewusstsein. Dennoch handelt es sich auch hier um einen vorübergehenden Zustand, durch den wir hindurchgehen.

Viertes formloses Dhyana: Weder Wahrnehmung noch Nicht-Wahrnehmung

Der Begriff Wahrnehmung bezieht sich auf unsere Sinne, mit denen wir denken, fühlen, sehen, riechen, tasten und schmecken. In dieser Form von Dhyana wird nichts mehr wahrgenommen, und es ist auch niemand mehr da, der wahrnimmt. Es ist ein absolut ruhiger, friedvoller und gesammelter Zustand, in dem durch die Sinnestore nichts mehr ein- oder austritt. Dennoch ist es keine rein unbewusste Leere, sondern tatsächlich weder Wahrnehmung noch Nicht-Wahrnehmung. Alles ist vollkommen klar wie ein polierter Spiegel oder wie der Herbstmond. Es handelt sich nicht einmal mehr um eine »Erfahrung« in dem Sinne, wie dieser Begriff üblicherweise verwendet wird.

Nirvana: Das vollständige Innehalten

Selbst das vierte Dhyana ist noch etwas, was entsteht und vergeht. Wenn auch dies wegfällt, hält alles inne. Die letzte Illusion des Selbst löst sich auf, und nichts bleibt, was sie zusammenhalten könnte.

In den buddhistischen Sutren gibt es dafür die schöne Metapher vom »Haus des Samsara«. Gemeint ist der endlose Kreislauf von Geburt und Tod, den es zu durchschauen gilt. Dieses Gebäude bricht – wie ein Kartenhaus –

endgültig zusammen. Daher wird auch nichts objektiv betrachtet, sondern alles wird *durchschaut.* Das, was sieht, und das, was gesehen wird, verwandelt sich und löst sich auf. Das Haus steht für das Selbst, das im Leiden des Samsara wohnt; der Erbauer ist unser Begehren, der First ist die Unwissenheit, und die Dachsparren sind unsere selbstsüchtigen Leidenschaften. Als Gautama erwacht, ruft er sinngemäß aus: »O Hausbauer, du bist durchschaut! Du wirst dieses Haus nicht wieder erbauen. Deine Balken sind dahin, der First ist zerschmettert. Da keine Bedingungen mehr vorhanden sind, ist dies das Ende allen Begehrens.«

Das ist keine Erfahrung, die das Selbst machen könnte, und es ist auch nicht nur ein vorübergehender Stillstand der Selbstwahrnehmung. Deshalb vergleicht man es mit dem Verlöschen einer Flamme, deren Brennstoff ausgegangen ist. Es ist sinnlos zu fragen, wohin sie gegangen ist, ob nach Norden, Osten, Süden oder Westen, nach oben oder nach unten, nach innen oder außen. All das trifft nicht zu.

Damit sind wir am Ende und am Ziel des Buddhismus angelangt. Zugleich ist es der Beginn eines Lebens als Buddha, der sich einem selbstlosen Tun widmet.

Praktische Hinweise

Schon im Pali-Kanon finden sich Beispiele von Menschen, die erwacht sind, ohne die genannten Zustände zu durchlaufen. Es ist jedoch ausgesprochen hilfreich, bewusst in Samadhi als einen Zustand des Eins-Seins einzutreten.

Ohne die Fähigkeit, unsere Energien zu bündeln, können wir nichts voll und ganz tun. Für eine nachhaltige Meditation gilt das in besonderem Maße.

Das erste Problem, auf das wir bei der Übung normalerweise stoßen, sind abschweifende Gedanken. Zu Beginn scheinen sie sich sogar zu verstärken; je mehr wir versuchen, uns zu konzentrieren, desto mehr Erinnerungen, Gedanken und Gefühle tauchen wie aus dem Nichts auf. Das ist zwar kein echtes Hindernis, aber es kann viel Energie kosten.

Oft sind es unsere Unsicherheiten und ungelösten Fragen, die diesen Gedankenstrom hervorrufen. Manchmal ist es notwendig, sich mit ihnen zu beschäftigen. Aber wenn wir einfach sitzen bleiben, entsteht Gelassenheit, und wir tauchen in einen tiefen, ruhigen Samadhi ein, während sich die Gedanken von selbst auflösen. Das geschieht sowohl dann, wenn wir ihnen volle Aufmerksamkeit schenken und sie dann loslassen, als auch dann, wenn wir uns von ihnen zurückziehen.

Sobald man erkennt, dass man sich in Gedanken verloren hat, ist es oft am einfachsten, zum Eins-Sein mit jedem Atemzug oder zum Zählen des Atems zurückzukehren. Anfangs kann das frustrierend sein, aber wenn wir weitermachen, funktioniert es ganz von selbst. Das zeigt, dass wir in die richtige Richtung gehen, und inspiriert uns weiterzumachen.

Das nächste Problem tritt zuweilen auf, wenn sich bei der Meditation ein Zustand der ruhigen Freude einstellt. Den wollen wir nun nicht mehr missen. Das sollte zwar nicht passieren, kommt aber dennoch häufig vor. Die Hektik der Welt und die Geschäftigkeit unseres eigenen

Geistes nehmen uns so in Anspruch, dass wir uns in jene stille Gelassenheit retten wollen. Wenn wir achtsam sind, erkennen wir jedoch bald, dass wir in solchen Fällen gar nicht in Gleichmut verweilen, sondern in Wirklichkeit Spannung aufbauen. Wir verschließen uns, um vor uns selbst oder der Welt davonzulaufen. Das ist keine buddhistische Praxis, weshalb deutlich davor gewarnt wird, in Ruhe und Gelassenheit zu verweilen und sich daran zu klammern.

Wenn wir einen der beschriebenen Zustände voll ausgekostet und ihn bis zum Grund durchdrungen haben, brauchen wir das nicht noch einmal zu tun. Verlieren wir uns jedoch darin, bleiben wir jahrelang oder sogar für immer darin stecken. Das ist ein tragischer Fehler. Manche ruhen sich auf ihren Lorbeeren aus, aber das ist nicht der Weg des Buddha, so angenehm manche Zustände auch sein mögen. Wenn wir nicht sorgfältig und auf rechte Weise üben, gehen wir nur im Kreis oder bleiben irgendwo stecken.

Stellt euch eine Angelschnur vor, an der ein Gewicht hängt. Es wiegt nur ein paar Gramm. Doch was geschieht? Es sinkt in die Tiefe, langsam, aber stetig. Es bleibt nicht stehen und genießt die Aussicht. Durch sein eigenes Gewicht, aus eigenem Antrieb sinkt es tiefer und tiefer. Das ist Samadhi. Wenn wir auf rechte Weise üben, gelangen wir sehr bald auf die tiefste Ebene, die wir zuvor erreicht haben. Noch einmal von vorne anzufangen und bestimmte Stufen zu durchlaufen, ist nur dann nötig, wenn wir irgendwo hängen geblieben sind, statt ganz hindurchzugehen.

Wichtig ist außerdem, keine der Erfahrungen, die man macht, zu leugnen. Kostet sie im Gegenteil voll und ganz aus, dann werdet ihr nicht daran kleben bleiben. Man kann nämlich nur an etwas haften, von dem man getrennt ist und das man haben möchte. So erhebend ein Zustand auch sein mag, sobald wir daran anhaften oder ihn genießen, stecken wir fest. Das ist eine große Gefahr, vor der im Buddhismus ständig gewarnt wird. Geht eurer Erfahrung daher auf den Grund, dann könnt ihr nicht anders, als sie loszulassen. Im Grunde löst sie sich selbst auf. In diesem Sinne ist die Zen-Praxis eine echte Abkürzung, weil sie einfach und effektiv, direkt und geradlinig ist.

Wenn wir auf rechte Weise üben, können wir auch frei über jeden der genannten Zustände verfügen, wenn wir ihn im Alltag brauchen. Das ist ein »weltlicher« Nebeneffekt, der von Vorteil sein kann. Wenn wir zum Beispiel Musik hören, tritt unser Geist spontan in einen Musik-Samadhi ein. Wenn wir mit einem Autounfall konfrontiert werden oder selbst darin verwickelt sind, handeln wir sofort. Da wir offen und klar sind, können wir das Leiden von anderen wahrnehmen und angemessen darauf reagieren.

Nehmen wir an, wir sitzen in einem langen, ausgesprochen uninteressanten Vortrag. Normalerweise erstickt das Selbst dann sofort in Langeweile, und wir überlegen, was wir alles tun könnten, statt hier herumzusitzen. Was aber, wenn wir vollständig im gegenwärtigen Moment anwesend sind, wie immer er auch aussehen mag, und von dort aus handeln? Wie würden wir uns dann im Kontakt mit einem Vorgesetzten oder einer Person verhalten, mit der wir nicht zurechtkommen? Was, wenn wir ganz und gar präsent sind, wenn die Toilette überläuft? Ich bin zwar kein Klempner oder Psychotherapeut, aber die praktischen Anwendungsmöglichkeiten sind zahllos.

Eins werden und da sein ohne Selbst: Gemeinsamkeiten und Unterschiede

Was ist der Unterschied zwischen Samadhi (Eins-Sein) und Dhyana (ohne Selbst sein)? In Samadhi einzutreten ist sozusagen eine »selbst-bewusste« Handlung: Das Selbst konzentriert sich auf etwas und wird eins. Es handelt sich also um einen willentlichen Vorgang, bei dem man sich auf etwas ausrichtet, um die Erfahrung des Eins-Seins zu verfeinern und zu vertiefen.

Es ist nicht nötig, dabei etwas zu erzwingen, denn wir haben bereits alles, was wir brauchen. Wir müssen lediglich die gewaltigen Energien bündeln, die wir schon in uns tragen. So geschieht ohnehin manches ganz von allein, wenn wir etwas tun, was uns große Freude macht, wie etwa Sport treiben, Musik machen oder welche hören. In der Meditation dagegen konzentrieren wir uns bewusst, und dafür braucht es Zeit, Geduld und Anstrengung. Manchmal geht es zwar ganz von selbst, meistens aber nicht. Besonders zu Beginn müssen wir die Aufmerksamkeit ausrichten, weil der Geist sich so daran gewöhnt hat, sich zu zerstreuen.

Sammelt also geduldig die gewaltigen Energien, die ihr bereits besitzt, so als würdet ihr einen Schneeball formen. Am Anfang ist dieser imaginäre Schneeball sicher noch sehr klein, aber er reicht aus. Vergeudet keine Zeit damit, das infrage zu stellen. Er reicht bestimmt aus, wenn ihr ihn richtig einsetzt.

Man tut das, indem man ein heilsames Leben führt, und zwar in jedem einzelnen Augenblick, achtsam und bewusst. Rollt den kleinen Schneeball eures Geistes geduldig über die weite Ebene aus reinem, weißem Samadhi-Schnee. Anfangs habt ihr vielleicht den Eindruck, ihr würdet ihn einen steilen Hang hinaufrollen. Das kann anstrengend und ermüdend sein. Manchmal rollt er vielleicht sogar zurück, und ihr müsst noch einmal von vorn anfangen. Das ist in Ordnung. Irgendwann wird es euch vorkommen, als ob ihr den Ball den Hang hinunterrollt, wobei er ganz von selbst an Schwung und Masse gewinnt. Unvermutet ist ein riesiger Schneeball daraus geworden, kühl und erfrischend.

Und wenn man nun weitergeht? Im tiefsten Samadhi ist der Geist ganz und gar eins, ohne Innen und Außen, ohne jede Wahrnehmung von Freude und Schmerz. Wenn man jetzt nicht stecken bleibt, wird die riesige Masse Schnee plötzlich leicht wie eine Feder – einfach so! Dafür ist keine Anstrengung nötig.

Hier löst sich der letzte Rest des noch mit dem Selbst verbundenen Samadhi in ein selbst-loses Dhyana auf. Gefährlich daran wäre, dies als eine Art Erleuchtung misszuverstehen, wie es oft bei sogenannten *Kensho*-Erfahrungen geschieht. Dabei handelt es sich um eine oft oberflächliche Einsicht, die nicht mit einem tiefgreifenden Durchbruch verwechselt werden darf.

Während Samadhi eine gewisse Selbst-Disziplin erfordert, ist dieses Selbst im Dhyana in jeder Hinsicht verschwunden – zumindest vorläufig. Das heißt jedoch nicht, dass wir nicht mehr üben müssten. Im Rausch der Erfahrung mag es so scheinen: Da ist niemand, der üben könnte, da ist nichts, das geübt werden müsste – wie wunderbar! Ganz im Gegenteil: An diesem Punkt müssen wir uns noch intensiver und noch sorgfältiger unserer Praxis widmen, auch wenn deren Charakter sich natürlich gewandelt hat. Die gemeinsame Praxis mit Dharma-Freunden kann dabei eine große Hilfe sein.

Es gibt Phasen, in denen wir daran arbeiten, unser Bewusstsein zu sammeln und eins zu werden. Später verschwindet selbst dieses Eins-Sein. Es kann Tage, Wochen, sogar Monate dauern, aus einem dieser Zustände herauszukommen, aber sobald das geschieht, weiß man: Das kann es nicht gewesen sein. Es kann sich nicht um einen Zustand handeln, in den das Selbst eintritt, um ihn dann wieder zu verlassen. Als Zugangstor ist so etwas gut, aber man darf es nicht in eine verschlossene Festung verwandeln.

Zwei Geschichten aus dem Pali-Kanon

Vor langer Zeit lebte ein Mann, den man den Himmelswanderer nannte. Er war der Sohn eines *Devas,* einer indischen Gottheit. Seinen Namen hatte er bekommen, weil er ungeheuer große Schritte machen und beinahe durch die Lüfte fliegen konnte. Durch seine übermenschlichen Kräfte wollte er seinem Leiden entkommen, indem er bis ans Ende der Welt ging. So schritt er über die gewaltigen Weiten des Universums und hielt nur inne, um zu essen, seine Notdurft zu verrichten und zu schlafen. Das tat er bis ans Ende seines Lebens, das hundert Jahre dauerte. Da jedoch wurde ihm klar, dass er zwar eine ungeheure Strecke zurückgelegt, aber das Ende dieser Welt und das Ende des Leidens nicht erreicht hatte.

Deshalb ging er zu Buddha Gautama und fragte ihn, wie er sein Ziel erreichen könne. Der Buddha antwortete:

»Nicht durch das Reisen erreichst du das Ende der Welt und das Ende des Leidens, und doch ist es unmöglich, alles Leiden zu beenden, ohne das Ende der Welt zu erreichen.« Er fuhr fort: »In diesem fünf bis sechs Fuß großen Körper mit all seinen Sinnen und seinen Gedanken ist die ganze Welt (mitsamt ihrem Miss-Behagen) enthalten. Dort entsteht sie, dort vergeht sie, dort liegt der Weg, der an ihr Ende führt.«

Ein anderes Sutra handelt von einem Mann namens Angulimala, der auf seinem spirituellen Weg in die Irre geht. Sein Lehrer wird eifersüchtig auf seine spirituelle Kraft und redet ihm ein, er müsste tausend kleine Finger von rechten Händen darbringen, um seine Übung abzuschließen. Um das zu erreichen, schreckt Angulimala vor Mord nicht zurück, schneidet seinen Opfern den betreffenden kleinen Finger ab und macht sich eine Halskette daraus. So kommt er zu dem Namen »Anguli-mala«, wörtlich »Kette aus Fingern«. Schließlich hat er neunhundertneunundneunzig Menschen getötet und ihnen den kleinen Finger abgeschnitten. Da begegnet er Buddha Gautama, dem vollkommen Erwachten, der gerade seinen Almosengang macht. Was für ein toller letzter Finger, denkt Angulimala.

Stark und flink, wie er ist, läuft Angulimala hinter dem Buddha her. Der aber geht einfach weiter. Wie schnell Angulimala auch rennt, er kann ihn nicht einholen. Schließlich bleibt er frustriert stehen und brüllt: »Halt, du Asket, bleib stehen!« Der Buddha geht weiter, wendet sich jedoch zu ihm um und antwortet: »Ich bin schon stehen geblieben. Bleib du jetzt ebenfalls stehen.«

Angulimala weiß, dass der Buddha jemand ist, der die Wahrheit sagt. Daher fragt er: »Ich bin bereits stehen geblieben, und doch sagst du mir, ich soll anhalten. Du gehst weiter, und trotzdem sagst du, du wärst schon stehen geblieben. Was bedeutet das?« Der Buddha erwidert: »Ich habe wahrhaft angehalten. Dem Leiden, das auf viele Arten entsteht, habe ich ein Ende gesetzt. Ich habe aufgehört, anderen Wesen Gewalt anzutun. Du, Angulimala, hast das nicht getan.« Daraufhin erkennt Angulimala den Abweg, auf den er geraten ist. Er wandelt sich von Grund auf und schließt sich den Schülern des Buddha an.

Innehalten

Die Geschichte von Angulimala erzählt, wie selbst das Herz eines Massenmörders von Grund auf verwandelt werden kann. Das ist ein wertvoller Hinweis – für Massenmörder. Aber ist das schon alles? Was sagt uns diese Geschichte? Schließlich bringen wir niemanden um, um Finger zu sammeln. Aber klammern wir uns nicht ab und zu an bestimmte Vorstellungen und sind so sehr davon besessen, dass wir anderen Schaden zufügen?

Angulimala wollte den kleinen Finger des Buddha. Wollen wir die Erleuchtung womöglich auch für uns selbst haben? Vielleicht steckt ja ein bisschen von Angulimala in uns allen.

Weltraumreisende sind wir ebenfalls nicht; vielleicht war auch der Himmelswanderer keiner. Aber reisen wir nicht manchmal durch unser Inneres, weil wir hoffen, dadurch etwas für uns selbst zu erreichen? Nehmen wir nicht dabei das Selbst mit all seinen Täuschungen mit auf den

Weg? Wenn das so ist, dann wird die spirituelle Reise umsonst sein, wie weit sie auch gehen mag.

Buddha Gautama sagt zum Himmelswanderer: Du kannst dem Miss-Behagen nur dann ein Ende setzen, wenn du bis zum Ende gehst. Eine Reise ist das jedoch nicht. Wie gelingt es uns dann? Mit unserem Körper, sagt der Buddha in der Geschichte, denn dieser Körper trägt die ganze Welt mit all ihrem Miss-Behagen in sich. Dort entsteht sie, dort vergeht sie, und dort beginnt der Weg. Anders gesagt, stecken die Vier Edlen Wahrheiten in jedem von uns. Der Buddha spricht nicht einfach von Geisteszuständen, wie tief sie auch sein mögen. Es geht auch nicht darum, wie der Himmelswanderer zu reisen, wie Angulimala zu rennen – oder wie ein Buddha zu sitzen.

Die beiden Gestalten aus den Sutren haben eine Sache gemein – sie jagen hinter etwas her, ohne es je erreichen zu können. Das zielt auf den Kern der buddhistischen Meditation: das Innehalten. Wenn wir das tun, lösen wir die Illusion des Selbst ein für alle Mal auf und bereiten dem Miss-Behagen ein Ende. Wir kommen vollständig zur Ruhe. Selbst wenn wir unsere Beine verknoten wie eine Brezel, können wir immer noch rastlos sein. Bleibt daher endlich nur ein einziges Mal stehen und schaut, was unter euren Füßen ist! Seht dem, was ihr für euer Selbst haltet, auf den Grund. Nur dann ist ein wirklicher Neuanfang möglich, und ihr könnt in der Welt wirken, ohne über die eigenen Füße zu stolpern.

Worum geht es im modernen Buddhismus? Geht es etwa nicht darum, langsamer zu werden: Stress abzubauen, sich erfrischt zu fühlen, Einsicht zu gewinnen und achtsam zu sein? Wenn wir auf rechte Weise praktizieren, kann uns das in die richtige Richtung führen. Wer auf Hochtouren läuft, sollte erst einmal einen Gang herunterschalten. Wenn wir langsamer geworden sind, halten wir schließlich inne. Das ist der Kern der echten buddhistischen Meditation.

Zen ist ein sehr praktischer Weg, auf dem es letztlich darum geht, wie wir ans Ziel gelangen. Eine Möglichkeit ist, an jeder Kreuzung die Wegweiser zu lesen, um sicher zu sein, dass die Richtung stimmt. Dafür sind Bücher mit Meditationsanweisungen da. Wer verzweifelt genug ist und das Risiko nicht scheut, kann sich allerdings auch auf sein Fahrrad setzen und über solche Kreuzungen hinwegrasen. Am wichtigsten ist es in jedem Fall, sicher nach Hause zu kommen. Loszugehen, ohne die Richtung zu kennen, kann gefährlich sein, aber es hat auch wenig Sinn, ewig nur auf die Landkarte zu starren. Findet den Weg daher in euch selbst – und geht ihn.

Loslassen

Viele buddhistische Schriften warnen davor, an bestimmten Einsichten haften zu bleiben, selbst wenn es sich um tiefe Geisteszustände handelt. Im Zen-Buddhismus gibt es eigentlich keine Zustände oder Stufen, darum wirkt Zen so radikal und abrupt. Trotzdem müssen westliche Übende zuerst grundlegende Meditationspraktiken lernen und meistern. Häufig herrscht die Meinung, bei Zen handle es sich um eine Abkürzung, aber wer so denkt, landet in einer Sackgasse. Man kennt zwar die typischen Belehrungen und weiß, was man tun sollte: »Sei Mu«, »Du brauchst nur zu sitzen« und so weiter. Was jedoch fehlt, ist die meditative Disziplin und die Fähigkeit, immer wieder in den Zustand des Samadhi einzutreten, ihn aufrechtzuerhalten und zu vertiefen.

In der Zen-Literatur heißt es: »Wenn über zehntausend Meilen hinweg keine einzige Wolke zu sehen ist, verdient selbst der klare Himmel eine Kostprobe des Stocks.« Und: »Zerstöre diese trübe Hölle, die du ›leer vom Selbst und von anderem‹ nennst. Vernichte die ausweglose Höhle des Schädlings ›hier und jetzt‹.« Das drückt aus, wie wichtig es ist, sich zuerst gründlich mit den tiefgründigen meditativen Traditionen vertraut zu machen, bevor man darauf verzichtet.

Ein heilsamer Lebensstil und regelmäßige Meditation bilden die Grundlage echter Erkenntnis. Nur dann hat sie Hand und Fuß und wird Teil des Alltags. Ohne eine solche Erdung kann jede Erfahrung und jede Einsicht mehr Schaden als Nutzen bringen. Aus dem Durchbruch wird dann ein Zusammenbruch. Jagt daher nicht gierig irgendwelchen Erlebnissen nach, sondern werft euch in eure Übung, Augenblick um Augenblick, ohne an die Ergebnisse zu denken!

Egal, ob ein Samadhi tief oder oberflächlich ist, er sollte immer glasklar und messerscharf sein. Dann kann er im Alltag lebendig werden, ob man nun Angestellte(r), Künstler, Hausfrau oder Hausmann ist.

Wenn ihr auf diese Art und Weise übt, wird die Praxis schließlich nicht mehr auf die Meditation beschränkt sein. Dann wird sie beständig, ganz egal, ob ihr gerade sitzt, steht, liegt und sogar, wenn ihr euch stark körperlich oder geistig anstrengt. Vorher war es schwierig zu beginnen, jetzt ist es unmöglich aufzuhören. Übt an diesem Punkt ohne Zögern und ohne Unterbrechung weiter.

In einem klassischen Beispiel aus der Zen-Tradition kommt ein Mönch zum Meister und sagt: »Wie wäre es, wenn ich ganz ohne irgendetwas käme?« Offenbar meint er, das von ihm erreichte Nichts wäre eine Errungenschaft, auf der er sich ausruhen könnte. Der Meister antwortet: »Wirf auch das noch weg!« Man könnte auch sagen: »Lass es fallen!« oder »Lass los!«. Selbst das, was nichts ist, muss weggeworfen werden. Haftet nicht einmal daran! Auch wenn es seltsam klingen mag, man kann sogar am Loslassen festhalten. Das Selbst kann aus nichts etwas machen. Darum ist es so wertvoll, ununterbrochen und mit der Unterstützung von Dharma-Freunden zu üben.

Der Mönch hatte es nicht verstanden und erwiderte deshalb: »Aber ich komme ganz ohne irgendetwas. Was könnte ich noch wegwerfen?« Daraufhin drehte der Meister den Spieß um und sagte: »Dann trag es weiter mit dir herum.« Wenn ihr nicht merkt, dass ihr noch an etwas festhaltet, müsst ihr es eben noch eine Weile mit euch herumschleppen. Der Meister, um den es hier geht, ist Zhaozhou (jap. Jōshū). Linji hätte den Mönch vermutlich angeschrien oder ihm sogar einen Hieb mit dem Stock versetzt. Zhaozhou verhält sich subtiler. Er dreht das Ganze einfach um, worauf der Mönch erwacht. Was für ein großartiges Bild, ein lebendiges Beispiel dafür, wahrhaft ohne etwas zu leben – und sich nicht einmal daran festzuklammern!

So geht man im Zen mit Meditationszuständen um. Man analysiert sie nicht, um ihre Werte und Grenzen zu bestimmen. Aber sind wir in derselben Lage wie die

Zen-Mönche und -Nonnen früherer Zeiten, die Jahrzehnte voller Hingabe im Kloster verbracht, den Buddhismus studiert und die Meditation gemeistert haben? Kaum, und daher müssen wir uns bewusst machen, dass es ohne genügendes Wissen und tiefe Erfahrung unvermeidlich zu gefährlichen Missverständnissen kommt.

Das gewöhnliche Denken zerschneidet alles in Einzelteile. In bestimmten Situationen ist das sinnvoll, zum Beispiel wenn wir beim Einkaufen unser Kleingeld zählen. Samadhi dagegen vereint alles zu einem großen Ganzen. Dhyana wiederum löst diese Einheit in nichts auf. Wo aber seid ihr, wenn selbst das verschwunden ist?

Im Buddhismus geht es tatsächlich darum, vollständig innezuhalten, ganz zum Stillstand zu kommen, das Selbst mit all seinen Illusionen loszulassen – und dann von dort aus zu handeln. Ein Beispiel ist die berühmt-berüchtigte Koan-Praxis im Rinzai-Zen. Anders, als was heute gang und gäbe zu sein scheint, ist ihr eigentlicher Zweck nicht, über ein Koan zu meditieren, um zu Einsichten oder Durchbrüchen zu gelangen. Ein Koan ist ein Präzisionsinstrument, eine »tödliche Waffe«, um das Selbst mit all seinen Verästelungen zum Stillstand zu bringen. Es wirkt nur, wenn wir selbst voll und ganz zum Koan werden. Dann können wir nicht vorwärts, nicht rückwärts – aber eben auch nicht bleiben, wo wir sind.

Völlig vom Koan ergriffen, kann sich der Verstand nirgends festsetzen, deshalb löst er sich von selbst auf. Aber das Koan bleibt und verlangt weiterhin nach einer Lösung. Dann entsteht zwangsläufig der »große Zweifel«, wie es im Zen heißt. Wir können ihm nicht entkommen. Dieses Ausgeliefertsein an das Koan ist die Abkürzung im

Rinzai-Zen, um direkt das letzte formlose Dhyana zu durchdringen, in dem es weder Wahrnehmung noch Nicht-Wahrnehmung gibt.

Buddha Gautama hat das bei seinem eigenen Ringen selbst getan. Dem Pali-Kanon zufolge hat er die tiefsten Zustände des formlosen Dhyana (»Nicht ein einziges Ding« und »Weder Wahrnehmung noch Nicht-Wahrnehmung«) unter Anleitung seiner beiden Lehrer Ālāra Kālāma und Uddaka Rāmaputta erreicht. Aufgrund seines eigenen »großen Zweifels« merkte er aber sofort, dass solche Zustände nur vorübergehend Rettung bringen. Deshalb verließ er diese Lehrer und setzte seine Suche fort. Was uns heute am dringendsten nottut, ist genau diese Haltung, sonst nützen alle Koans aller sogenannten großen Zen-Lehrer nichts. Haben wir diese Haltung jedoch, so können wir unser eigenes, lebendiges Koan entdecken, und das ist allemal besser, als sich mit fremden Federn zu schmücken.

In traditioneller buddhistischer Ausdrucksweise hieße dies, dass die Meditation sich auf die drei Merkmale jeglichen Daseins richtet: Unbeständigkeit, Miss-Behagen und Selbst-Losigkeit. Dabei geht es darum, tatsächlich zu *sehen*, worüber man meditiert. Selbst die tiefsten Geisteszustände sind vergänglich, unbefriedigend und selbst-los. Drei Arten, dasselbe auszudrücken, oder frei nach Jōshū: »Werft alles über Bord!«

Wo beginnt der buddhistische Weg? Hier in diesem Augenblick. Das gilt für das Atmen als unmittelbare Gegenwart unseres Atems ebenso wie für das sogenannte *Genjō-Koan,* eine in unserem Innern brennende Frage, die sich direkt im Hier und Jetzt manifestiert. Es gilt auch dafür, achtsam die gerade vorhandenen Schmerzen im Knie wahrzunehmen oder einen Schritt zu machen. Bei solchen Übungen geht es nicht darum, etwas zu erschaffen, sie setzen direkt an der momentanen Erfahrung an. Ihr müsst euch dabei nichts in Erinnerung rufen oder vorstellen, nicht einmal eine Einsicht erlangen. Nehmt einfach wahr, was tatsächlich da ist, nicht mehr und nicht weniger. Das ist alles, was ihr braucht. Dōgen sagt dazu: »Beabsichtige nicht, einen Buddha hervorzubringen, aber hafte noch weniger daran, still zu sitzen.«

Die Bedingungen, die ihr gerade habt, reichen aus. Ihr braucht keine anderen Umstände, um zu praktizieren. Manche Menschen vergeuden ihr ganzes Leben damit, auf den richtigen Moment zu warten. Sie hoffen, dass ein Lehrer vorbeikommt und ihnen sagt, was sie tun sollen, damit sie dann üben können. Das ist eine schlimme Täuschung, denn solche idealen Umstände werden sich nie einstellen.

Was ist die wichtigste Voraussetzung für die Praxis? Unser gegenwärtiger Zustand, das ist alles. Nicht mehr, nicht weniger. Dieser Zustand reicht immer aus. Ob wir zwei Beine haben oder eines, ob wir völlig gesund sind oder unter großen Schmerzen leiden, ob wir den ganzen Tag frei haben oder mit Arbeit eingedeckt sind – es kommt nur darauf an, wie wir mit diesen Bedingungen umgehen.

Wie in dem *Mahaparinibbana-Sutta* berichtet wird, ist Buddha Gautama, als er im Sterben lag, durch alle beschriebenen Zustände von Samadhi und Dhyana gegangen. Er ging durch das letzte formlose Dhyana, in dem es weder Wahrnehmung noch Nicht-Wahrnehmung gibt, und kam dann völlig zur Ruhe. Ananda, der dies noch nicht durchschaut hatte, sagte, der Buddha sei dahingeschieden. Daraufhin berichtigte ihn ein anderer Schüler, Anuruddha, der es durchschaut hatte: »Nein, er ist nicht dahingeschieden. Er hat den Stillstand erlangt.«

Nach der Überlieferung durchschritt der Buddha dann alle Zustände rückwärts, vom tiefsten zum seichtesten Form-Dhyana (das ich Samadhi nenne). Ohne sich vom Selbst täuschen zu lassen, war er vollständig da und hat alles ganz erfahren. Anschließend ging er nochmals vom ersten zum letzten Samadhi, in dem weder Freude noch Schmerz vorhanden ist, und dann verschied er schließlich. Er starb nicht im Zustand des völligen Innehaltens oder in einem der tieferen formlosen Dhyana-Zustände wie dem von weder Wahrnehmung noch Nicht-Wahrnehmung.

Ich habe nirgends eine Erklärung hierfür gefunden. Natürlich kann man darin eine letzte Belehrung sehen, denn im formlosen Dhyana wäre der Buddha wohl einfach verweilt, bis er diesen Zustand wieder verlassen hätte. Aber ich denke, vor allem wollte er mit vollem Bewusstsein loslassen. Es gab zwar nichts, was noch loszulassen gewesen wäre, doch die letzte Form des Samadhi ist der beste Zustand, um zu sterben, frei von Lust und Schmerz, doch bei vollem Bewusstsein.

Wie viele Menschen musste Buddha Gautama am Ende seines Lebens große Schmerzen ertragen. Offenbar hatte er etwas Verdorbenes gegessen, was seinen an sich schon kritischen Zustand verschlimmerte. Er sagte sogar, nur in tiefer Meditation empfinde er keine körperlichen Schmerzen. Dennoch beschloss er, seinen gegenwärtigen Zustand mit vollem Bewusstsein zu erleben. Kaut darauf herum, dann werdet ihr nie wieder hungrig sein.

5

DAS NICHT-SELBST UND DIE WIPPE DES SAMSARA

Die Mitte finden

Gibt es eine ewige Seele oder ein unveränderliches, festes Selbst? Gibt es so etwas im Menschen oder anderswo? Im Buddhismus geht es darum, die Wahrheit hinter der Erfahrung aufzudecken, die das Selbst macht. Der Pali-Begriff dafür lautet *anatta*, auf Sanskrit heißt es *anatman*, und im Japanischen *muga* – wörtlich »Nicht-Selbst«, »selbst-los« oder »ohne Selbst«.

Von innen gesehen, ist das Nicht-Selbst offenkundig

Stellt man den Standpunkt des Selbst nicht infrage, so ist es nicht plausibel, wenn nicht gar bizarr, lächerlich und widersprüchlich, über ein Nicht-Selbst zu spekulieren. Denn man schaut von außen auf das Selbst als Idee oder Konzept. Es ist interessant, zu welch unterschiedlichen Schlüssen manche Menschen kommen, wenn sie aus dieser Perspektive Vermutungen anstellen.

Manche finden das Nicht-Selbst ziemlich beängstigend oder bedrohlich. Sie haben das Gefühl, das Wertvollste in ihnen werde infrage gestellt. Diese Haltung verrät mehr über unsere eigenen Projektionen und Unsicherheiten als über das Nicht-Selbst. Andere finden das Nicht-Selbst kalt und steril. Sie meinen, ohne ein Selbst gäbe es kein Leben, zumindest keinen Sinn des Lebens. Diese Ansichten entstehen aus einem falschen Verständnis von Selbst und Nicht-Selbst.

Über das Nicht-Selbst wurden ganze Bücher geschrieben, unter anderem aus philosophischer, psychologischer und sprachwissenschaftlicher Perspektive. Erst wenn wir das Nicht-Selbst von innen heraus betrachten, können wir wirklich etwas darüber erfahren. Je mehr wir uns darauf einlassen, desto klarer wird es. An ihm ist überhaupt nichts Befremdliches oder Mysteriöses mehr; es kommt uns nur so vor, wenn wir von ihm getrennt sind.

Mit dem Versuch, das Nicht-Selbst von außen zu sehen, können wir unser ganzes Leben verschwenden. Vom Standpunkt des Selbst aus betrachtet, können wir nicht einmal richtig anfangen, weil wir sofort stecken bleiben: Wenn es kein Selbst gibt, wer spricht dann gerade? Wer hört zu? Wer erkennt das Nicht-Selbst? Solche Fragen klingen interessant, und wir können endlos darüber spekulieren. Zu einer schlüssigen Antwort gelangen wir jedoch nur, wenn wir das Nicht-Selbst tatsächlich verwirklichen. Dann wird es sichtbar, und es gibt auf der ganzen Welt nichts mehr, was offensichtlicher wäre. Hören wir deshalb auf, um den heißen Brei herumzureden, und begeben wir uns direkt ins Innere dieser Wahrheit.

Die Wippe des Samsara

Erinnert ihr euch daran, wie ihr als Kinder auf der Wippe geschaukelt habt? An das berauschende Gefühl, in die Höhe zu steigen und mit einem Knall am Boden aufzuprallen? Das ist ein einfaches Bild dafür, wie wir unser Selbst erleben. Wir sitzen ständig auf der Wippe des Samsara und bewegen uns von einem Extrem zum anderen.

Ein Beispiel: Als Kinder konnten wir kaum das Ende des Schuljahres erwarten, um endlich den langweiligen Hausaufgaben und allen anderen Verpflichtungen zu entkommen und die Sommerferien zu genießen. Aber wie viele Tage hat es gedauert, bis wir gemerkt haben, dass wir mit der ganzen freien Zeit nichts anzufangen wussten? Und dann haben wir uns gelangweilt.

Und nicht nur Kinder kennen dieses Problem. Gelangweilt zu sein und nichts mit sich anfangen zu können, ist das eine Extrem. Das andere Extrem ist heftige Aufregung, Stress oder Unruhe. Im Alltag pendeln wir ständig zwischen diesen beiden Extremen. Das ist verständlich, denn wenn wir eine Menge Sorgen und Stress haben, versuchen wir fast schon instinktiv, dem zu entkommen. Wir wollen weg von allem. Womöglich melden wir uns krank, obwohl wir es eigentlich gar nicht sind, oder wir bekommen auf andere Weise die Chance, uns ein paar Tage auszuruhen. So suchen wir das Gegenteil unseres extremen Stresszustands, in dem uns alles zu viel ist, und eine Zeit lang genießen wir es auch. Wir stellen den Wecker ab und schlafen, solange wir wollen. Aber was geschieht nach ein paar Tagen? Aus dem »Zuviel« wird ein »Nicht-genug«, und uns wird allmählich langweilig. Dann suchen wir uns eine Aufgabe. Wir suchen Ablenkung.

Unsere kleine Wippe umfasst alles: Glück und Traurigkeit, Liebe und Hass, Geburt und Tod, den Unterschied von Ich und Du und vieles mehr. Auf und ab geht es auf der Wippe des Samsara, die immer instabil ist und uns Miss-Behagen bringt. Wie sollen wir da erkennen, dass das Selbst an keinem Punkt dieser Bewegung ganz zur Ruhe kommen kann? Schließlich sind wir zu sehr mit Wippen beschäftigt, um zu merken, dass das Selbst von Natur aus instabil ist.

Aber was ist, wenn wir doch ein Gleichgewicht finden? Erinnert ihr euch daran, wie ihr als Kind auf der Mitte der Wippe gestanden habt, einen Fuß auf der einen und einen auf der anderen Seite, um in Balance zu bleiben? Das entspricht dem Wohlfühlbereich, den das Selbst zu bewahren sucht. Wir wollen nicht zu viel Stress und Sorgen, aber langweilen wollen wir uns natürlich ebenso wenig!

Aus diesem Grund erstreben wir eine erfüllende und befriedigende Lebensweise, inklusive einem angenehmen Job mit einer netten Chefin, die uns wirklich mag, und Kollegen, die uns respektieren und sich kooperativ verhalten. Außerdem wollen wir immer interessante Aufgaben bekommen und von allen anerkannt werden. Vielleicht erzeugt das Stress für die anderen, aber für uns passt es natürlich.

Solange ein Selbst vorhanden ist, braucht dieses Selbst tatsächlich ein Gleichgewicht. Das sollte man weder leugnen noch ignorieren. Entscheidend jedoch ist, dass das Selbst niemals einen wirklichen, anhaltenden Ausgleich finden kann, weil die Wippe, auf der es diesen Zustand sucht, von Natur aus instabil ist. Wenn wir tief in den Spiegel schauen, merken wir bald, dass der ängstliche Drang, immer in unserer Mitte zu sein, selbst ein Teil dieser Instabilität ist. Er ist das Symptom eines tiefergehenden Miss-Behagens. Die sogenannte Mitte ist selbst instabil. Wie lange können wir uns in ihr halten, bevor irgendjemand oder irgendetwas auftaucht und uns aus dem Gleichgewicht bringt – oder bis wir selbst enttäuscht von diesem Zustand sind? Das ist schnell passiert, denn das Selbst ist ausgesprochen launisch, schwankend, wankelmütig und unberechenbar.

Zur Wurzel vordringen

Eine echte spirituelle Suche kann erst dann beginnen, wenn wir das unterschwellige Miss-Behagen, die Instabilität und die Rastlosigkeit erkennen, die das Selbst ausmachen. Ich glaube nicht, dass diese Erkenntnis auf den Buddhismus beschränkt ist. Jede echte Religion und jeder, der ernsthaft einen spirituellen Weg geht, ist sich dessen bewusst. Sonst wäre der Bedarf an Religionen und anderen spirituellen Wegen nicht so groß.

Haben wir das grundlegende Miss-Behagen unserer Existenz von innen her erkannt, ist es uns durch Mark und Bein gegangen, dann öffnet sich ein spiritueller Pfad. Lassen wir uns jedoch weiterhin von den Reizen und Ablenkungen täuschen, die die Wippe zu bieten hat, sind wir noch nicht bereit für diesen Pfad.

Verlasst euch nicht auf meine Worte – oder auf die eines anderen. *Seht selbst*: Das Grundgerüst des Lebens an sich ist wackelig. Alles, nicht nur das »Schlechte« oder das »Langweilige«. »Wenn ich nur eine nettere Chefin hätte, wäre ich glücklich.« Eine solche Aussage ist leicht zu durchschauen. Gut möglich, dass die besagte Chefin tatsächlich ein großes Problem darstellt, aber sie ist nicht das eigentliche Problem. Das ganze Konstrukt des Selbst ist von Natur aus instabil. Das Selbst kann nicht in sich und auch nirgendwo sonst zur Ruhe kommen.

Wenn wir ehrlich sind, ahnen wir das tief in unserem Innern. Aber wir wissen nichts damit anzufangen. Darum führen wir uns selbst und andere in die Irre und verursachen oft nur neues Miss-Behagen.

Es ist verblüffend, wie geschickt sich das Selbst täuscht. Rational gesehen, ergibt das noch nicht einmal Sinn. Natürlich kann man andere betrügen, aber wie ist es möglich, sich selbst hinters Licht zu führen? Wie kann sich das Selbst hintergehen und zugleich hintergangen werden? Das ergibt überhaupt keinen Sinn, und trotzdem tun wir es alle jeden Tag. Das sagt einiges über die wahre Natur des Selbst aus.

Können wir auch anders leben? Normalerweise sind wir so sehr mit dem Auf und Ab der Wippe beschäftigt, dass wir diese Möglichkeit nicht einmal in Betracht ziehen. Wir sind dabei in derselben Situation wie einst Buddha Gautama: Wenn wir uns über die Wurzel allen Miss-Behagens klar werden, kann sich ein spiritueller oder religiöser Weg öffnen. Dann können wir uns auch über die Höhen und Tiefen dieses Weges nicht mehr täuschen.

Es ist durchaus hilfreich, wenn das Selbst zunächst lernt, ein wenig ins Gleichgewicht zu kommen, zum Beispiel durch einfache meditative Übungen. Allerdings entsteht dabei die Gefahr, sich an diesen Balanceakt festzuklammern und in der relativen Ruhe stecken zu bleiben, die durch ihn entsteht. Das jedoch hat nichts mit dem Nicht-Selbst zu tun.

Erst wenn die Grenzen des Selbst durchbrochen werden, löst sich das Ganze, uns regelrecht schwindlig machende Miss-Behagen mit einem Schlag auf. Das gesamte Konstrukt der Wippe ist endgültig verschwunden. Es gibt keinen anderen Weg. Genau darum geht es im Buddhismus, genau das ist das Wesen des Nicht-Selbst.

Die Dynamik des Miss-Behagens

Auch Buddha Gautama hat offenbar viel Erfahrung mit seiner Wippe gehabt. Die Erste Edle Wahrheit des Buddhismus besagt, dass allen Dingen und allen Situationen *Dukkha* zugrunde liegt, ein Begriff, den ich gern mit *Miss-Behagen* übersetze. Wenn wir leiden oder uns in einem Zustand wiederfinden, in dem wir nicht sein wollen, oder wenn wir nicht haben, was wir uns wünschen, ist diese Wahrheit offensichtlich. Wir nehmen sie unmittelbar wahr. Aber die Erste Edle Wahrheit meint nicht nur das, ebenso wenig unterstellt sie, alles sei Leiden, wie oft falsch übersetzt wird. Im Gegenteil: Auf der Wippe erleben wir natürlich auch viele glückliche Momente.

Gehen wir diesem Glück jedoch auf den Grund, so sehen wir, dass es bereits den Keim seiner eigenen Zerstörung in sich trägt. Indem wir unbedingt glücklich sein wollen und uns daran festklammern, säen wir Unzufriedenheit für uns und für andere. Das Glück, das uns die

Wippe schenkt, ist also weder das Problem – noch ist es die Lösung. Das eigentliche Problem ist sein immerwährender Begleiter, das anhaftende Selbst.

Früher oder später zerstören wir unser Glücklichsein, weil wir es festhalten wollen oder befürchten, es zu verlieren – und verlieren es deshalb. Das Glück entgleitet uns, sobald wir danach greifen. Das Selbst kann auf der Wippe nicht zur Ruhe kommen – weder am einen Ende noch am anderen und auch nicht in der Mitte. Es lohnt sich, in die Tiefe dieser Wahrheit einzudringen, denn sie stellt das Sprungbrett zum Nicht-Selbst dar.

Gelangweilt sein

Bisher sind wir noch auf nichts Mysteriöses oder Esoterisches gestoßen. Noch konkreter und unmissverständlicher wird es, wenn wir einen Blick auf die Erfahrung der Langeweile werfen. Was für eine Erfahrung stellt dieser Zustand überhaupt dar?

Langeweile ist nur möglich, weil es das Selbst gibt. Nur wenn das Selbst die Dinge gedanklich vorwegnimmt oder etwas Bestimmtes erwartet, kann Langeweile aufkommen. Durch Langeweile tritt die Unbeständigkeit des Selbst an die Oberfläche des Bewusstseins. Langeweile ist nur möglich, wenn wir uns die Dinge in einer ganz bestimmten Art und Weise vorstellen, obwohl sie nicht so sind. Selbst wenn wir uns dessen nicht einmal völlig bewusst sind, haben wir in einem solchen Fall eine Erwartung, eine Vorstellung davon, wie die Dinge sein sollten. Zum Beispiel: Ich habe erwartet, dass ein Film, den ich sehe, etwas Bestimmtes vermittelt, aber er ist ganz anders. Langweilig! Ich knüpfe bestimmte Erwartungen an eine Person, aber sie entspricht ihnen nicht. Langweilig! Ich lese ein Buch über Zen, und es ist die reinste Zeitverschwendung. Langweilig!

So etwas wie Langeweile gibt es jedoch nicht. So radikal das klingen mag, ohne die Illusion des Selbst ist Langeweile unmöglich. Es gibt keine Langeweile, nichts ist langweilig, und es gibt auch kein Selbst, das gelangweilt sein könnte. Die Erfahrung der Langeweile ist eine Selbst-Täuschung, die auf der Täuschung des Selbst beruht. Wir erschaffen eine Illusion, die wir mit Leben erfüllen, und das verursacht Leiden.

Wie steht es eigentlich mit Zazen? Was könnte langweiliger sein, als dazusitzen und nichts tun? Wiederum hat es, von außen betrachtet, den Anschein, als würde das Selbst etwas tun – oder eben nicht. Solche Missverständnisse sind zwar unvermeidlich, aber echtes Zazen ist nichts dergleichen. Zazen kann nur langweilen, wenn das Selbst mitmischt. Zwar kann im Grunde gar nichts je langweilig sein, aber Zazen ist vielleicht der extremste Beweis dafür. Im echten Zazen entsteht das gesamte Universum in jedem Moment neu. In jedem Moment wird die ganze Welt neu geboren. Wie könnte das jemals langweilig sein? Gebt euch daher ganz dem Zazen hin (oder der spirituellen Praxis, die ihr sonst verfolgt) und findet es selbst heraus.

Solange wir auf der Wippe sitzen, können wir der Langeweile unmöglich entgehen. Haben wir die Wippe verlassen, ist es hingegen unmöglich, sich zu langweilen. Dasselbe gilt für alle erdenklichen Ängste und die vielen anderen zu Miss-Behagen führenden, vom Ego beeinflussten

Emotionen, in die sich das Selbst verstrickt. Dabei kann das Ego als äußere Schale des Selbst verstanden werden, die automatisch Konflikte empfindet, vergleicht und bewertet.

Vom Ego beeinflusste Gefühle

Auch wenn das Selbst ins Nicht-Selbst übergeht, bleiben Gefühle vorhanden. Sie sind jedoch rein und ohne Anhaftung. Deshalb existiert keine Langeweile, weil diese ein vom Ego hervorgerufenes Gefühl darstellt. Angst wird ebenfalls nicht empfunden, denn auch sie ist ein vom Ego ausgehendes Gefühl.

Überraschenderweise kennen wir diesen Zustand bereits bis zu einem gewissen Grad. Selbst wenn wir noch nie darüber nachgedacht haben, sind wir mit dem Unterschied zwischen einem reinen Gefühl und einer vom Ego beeinflussten Emotion vertraut – schließlich waren wir alle vermutlich schon einmal verliebt.

Liebe ist die wohl wunderbarste Erfahrung, die Menschen gemeinsam machen können. Sie ist so wunderbar, dass wir nicht einmal darüber reden müssen. Schau dem von dir Geliebten in die Augen, und du siehst nicht in die Augen eines anderen! Das Problem ist, dass wir im Umgang mit allen anderen immer noch ein wahres Ekel sein können. Auch wenn es zwischen uns beiden noch so gut klappt, gilt das noch lange nicht für den Umgang mit jemand oder etwas anderem. Das Nicht-Selbst jedoch verhält sich gegenüber allen Menschen so, weil die Wurzel der Illusion des Selbst verschwunden ist.

Wir kennen die erstaunliche Erfahrung der Liebe, aber wir wissen auch genau, was geschieht, wenn das Selbst sein hässliches Haupt erhebt. Liebe verwandelt sich in die Hölle von Eifersucht, Besitzgier und Streitereien. Schlimmstenfalls endet es damit, dass wir die Menschen oder Dinge zerstören, die wir lieben. »Er/sie gehört nur mir!« »Das ist meins!« »Mein Schatz!« Wir müssen nicht der arme Gollum in *Herr der Ringe* sein, um diese Gefahren zu kennen.

Die Liebe kann etwas Wunderbares sein, aber solange die Täuschung des Selbst andauert, gewährt sie uns bestenfalls eine momentane Pause, eine teilweise Überwindung des Selbst-Konstruktes. Das Tolle ist, dass die Liebe jederzeit möglich ist, weil sie nicht von einem Selbst ausgeht. Das Selbst ist nicht real vorhanden.

Dennoch kann das illusionäre Muster des Selbst sehr hartnäckig sein. Es lediglich zu verstehen, löst es nicht auf. Jeder, der damit gerungen hat, weiß, dass es keinen größeren »Gegner« gibt als das eigene Selbst. Deshalb ist es von entscheidender Bedeutung, sich voll und ganz einem spirituellen Weg zu widmen und ihn zu Ende zu gehen. Ansonsten sind alle Anstrengungen vergeblich, und wir sitzen nur träumend auf der Wippe, während wir uns selbst und anderen weiter unablässig Leid zufügen.

Noch einmal, an reiner Liebe ist nichts auszusetzen; sie ist eine wunderbare Erfahrung. Das Problem ist unser Schema der Selbst-Bezogenheit. Dieses Muster ist uns allen bis zu einem gewissen Grad bewusst. Es ist nichts Mysteriöses. Der Buddhismus lehrt das schon seit zweieinhalbtausend Jahren.

Langeweile gibt es nicht. Aber was ist, wenn wir sie doch empfinden? Anstatt vor ihr davonzulaufen oder von ihr verschlungen zu werden, lassen wir sie unser Lehrer sein. Geht der Selbsttäuschung, die die Langeweile hervorbringt, einmal näher auf den Grund. Dann kann dieser Zustand sehr interessant sein.

Die einzige Gelegenheit, die Langeweile und andere vom Ego behaftete Emotionen genauer zu betrachten, ist der Moment, in dem sie entstehen. Doch was tun wir normalerweise? Wir nehmen sie gewöhnlich erst wahr, nachdem wir uns bereits darin verstrickt haben, wenn sie also schon die Form eines mit dem Selbst zusammenhängenden Gefühls oder Gedankens angenommen haben. Dann rechtfertigen wir diese Erscheinung und versuchen uns in rationalen Erklärungen, bis schließlich alles einen Sinn ergibt. Wir finden eine Erklärung oder einen Grund, etwas oder jemanden, dem wir die Schuld an unserer Langeweile, unserer Angst oder unserer Frustration zuschieben können.

Wenn wir solche Dinge in dem Moment betrachten, in dem sie auftauchen, werden wir nicht mehr von ihnen versklavt. Normalerweise glauben wir, die Schöpfer unserer Gedanken zu sein, aber wir brauchen keine Psychotherapie, um zu bemerken, dass da noch viel mehr passiert. Es ist entscheidend, Gedanken und Gefühle in dem Moment zu erkennen, in dem sie entstehen. Dafür ist etwas Geduld und Übung nötig, aber es ist absolut möglich.

Tun wir das nicht, so hängen wir in einem endlosen Teufelskreis fest und versuchen ständig, den Grund dessen zu sehen, was schon eine Form angenommen hat. Vom einen Ende der Wippe aus sehen wir lediglich Personen und Bedingungen, die am anderen Ende der Wippe auf- und absteigen. Wir sehen nicht, welche Dynamik dahinter am Werk ist; uns ist nicht klar, dass unser Selbst ebenfalls auf- und absteigt.

Wenn wir schließlich den Ursprung der Gedanken und Gefühle sehen, können sie sich leicht auflösen. Falls notwendig, können wir auch an ihnen arbeiten und auf sie reagieren. Immer wiederkehrende Gedanken oder Gefühle weisen eventuell darauf hin, dass etwas getan werden muss. Vielleicht müssen wir mit unserem Chef reden und ihm sagen, dass etwas schiefläuft. Vielleicht müssen wir härter arbeiten. Vielleicht müssen wir kündigen. Zuzusehen, wie Gedanken oder Gefühle entstehen, heißt jedenfalls nicht, dass wir nichts unternehmen könnten. Eine konkrete Reaktion kann erforderlich sein – aber sie muss vom Ursprung ausgehen, nicht von unserem selbst-bezogenen Standpunkt aus, der nur noch mehr Probleme und Verwicklungen verursacht.

Die »Krankheit« des Nicht-Selbst

Wir haben weiterhin Gefühle, wenn wir vom Selbst befreit sind, aber Konflikte mit uns selbst haben wir nicht mehr. Wir empfinden die ganze Tiefe menschlichen Gefühls, aber ohne Verstrickung mit dem Selbst. Weit davon entfernt, kühl und gefühllos zu sein, kümmert sich niemand mehr um andere als ein Buddha. Es gibt keine größere Wärme als die eines Menschen, der das Selbst überwunden hat.

So viel zu der falschen Vorstellung, das Nicht-Selbst sei kalt oder steril. Könnte es nicht eher das Selbst sein, das Kälte und Feindseligkeit in unsere Welt bringt?

Selbst-los zu leben, ist die Quelle aller menschlichen Wärme, ob einem Kind, den Eltern, einem Freund, einem geliebten Menschen oder einem Feind gegenüber. Aber Buddhas klammern nicht, das ist der Unterschied. Sie schnüren dem, den sie lieben, nicht die Luft ab.

Das *Vimalakirti-Sutra* erinnert uns daran, was Eltern fühlen, wenn ihr Kind krank wird. Sie erkranken selbst am Leiden ihres Kindes, und es geht ihnen besser, wenn das Kind wieder gesund wird. Der Zustand der Eltern ist ein Ausdruck ihrer Liebe. Ferner heißt es in diesem Sutra, dass ein Bodhisattva oder Buddha alle Wesen liebt, als wären sie seine eigenen Kinder. Wenn sie krank sind, ist er es auch. Genesen sie, geht es auch ihm besser. Was aber ist die Ursache dieser wunderlichen »Krankheit«? Großes Mitgefühl, Liebe ist etwas völlig anderes als das Miss-Behagen des Selbst.

Ein Buddha teilt das Leid der anderen. Er springt geradewegs auf unsere Wippe und geht mit uns durch dick und dünn. Das tut er nicht, um mit uns zu leiden, sondern um uns zu zeigen, dass wir im Grunde frei von Leid sind, weil wir im Grunde frei vom Selbst sind. Manchmal braucht man ein Stück Brot oder eine Therapie, aber was immer wir tun, am hilfreichsten ist es, dem anderen im Nicht-Selbst zu begegnen. So hilft man im buddhistischen Sinne, wobei es unter Umständen nicht einmal nötig ist, etwas zu sagen.

Manchmal reicht es aus, einfach da zu sein, zum Beispiel für einen Sterbenden, dem man hilft zu erkennen, dass alles in Ordnung ist und er loslassen kann. Wenn man stirbt, offenbart sich die Wahrheit des Nicht-Selbst oft von ganz allein. Allerdings ist es schade, bis zum Lebensende damit zu warten. Und manche Menschen haben sogar am Ende ihres Lebens Mühe loszulassen.

Reine Praxis

Alle Illusionen hinter sich zu lassen, ist eine heikle Sache, denn dabei stolpern wir gern über unsere eigenen Füße. Deshalb muss die Übung rein und kompromisslos sein. Es gibt eine schöne Geschichte über den chinesischen Zen-Meister Linji (jap. Rinzai), die das beleuchtet.

> Als Gouverneur Wang Meister Linji vor der Meditationshalle traf, fragte er ihn, ob die Mönche im Kloster die Sutren läsen. Natürlich taten sie das, aber der Meister sagte: »Nein.«
> »Dann lernen sie doch sicher, wie man Zazen übt?«
> »Nein, das tun sie auch nicht.«
> »Wenn sie weder die Sutren lesen noch Zazen üben, was in aller Welt tun sie dann?«
> »Sie werden alle zu Buddhas und Patriarchen gemacht!«

Es gibt nichts Wertvolleres, als echte Buddhas zu formen und authentische Patriarchen hervorzubringen, die das reine Gold unserer selbst-losen Natur erkennen. Somit verfehlen, wenn sie zum Selbstzweck werden, sogar das Studium der Sutren und die Zazen-Übung den wahren

Kern der Praxis. Diese wertvolle Erkenntnis wollte Linji dem Gouverneur nahebringen.

Gouverneur Wang antwortete darauf: »Goldstaub ist wertvoll, aber er macht blind, wenn er ins Auge gerät.«

Das ist ein wunderbares chinesisches Sprichwort. Goldstaub ist wertvoll, aber wir müssen gut aufpassen, dass nicht ein einziges Körnchen davon in unsere Augen gerät. Wir müssen uns davor hüten, das Nicht-Selbst in irgendetwas zu verwandeln, so Gouverneur Wangs scharfsinnige Antwort.

Viele Begegnungen Linjis enden damit, dass er einen Schrei ausstößt oder seinem Gegenüber, Mönch oder Nonne, einen Schlag verpasst. Dieser Dialog ist jedoch einer der wenigen, in denen er sich in gewisser Hinsicht geschlagen gibt, denn seine abschließende Antwort lautet: »Und ich dachte, du wärst ein ganz gewöhnlicher Bursche!«

Die Praxis muss rein und kompromisslos sein. Macht nicht viel Aufhebens um eure Übung oder eure Erfahrungen. Die Praxis muss weder schmerzhaft sein – macht keinen Märtyrer aus euch –, noch muss sie sich angenehm anfühlen. Schwelgt nicht in Zuständen der Glückseligkeit.

Um solche Erfahrungen geht es nicht im Buddhismus. In einem absolut radikalen Sinne geht es im Buddhismus überhaupt nicht um Erfahrungen, die man macht. Der Buddhismus betont zwar die Wichtigkeit von echter, authentischer Erfahrung im Gegensatz zur Angewohnheit, über Erfahrungen nur zu lesen, zu spekulieren oder sie mit dem Verstand erfassen zu wollen. Doch nach buddhistischem Verständnis ist es das Selbst, das diese Erfahrungen macht. Somit können sie eben von diesem Selbst, das auf seiner Wippe nach oben und nach unten schaukelt, noch immer verdorben werden – wie wunderbar oder für den Augenblick befreiend sie auch gewesen sein mögen. Deshalb befasst sich der Buddhismus auch nicht mit den Erfahrungen, die Extreme der Wippe betreffend. Er ist noch nicht einmal daran interessiert, das Selbst in einen Buddha zu verwandeln.

Springt einfach ab!

So radikal es klingen mag, wahre Praxis ist die Auflösung des Selbst mit all seinen Prägungen, indem wir vollends von der Wippe springen. In einem tieferen Sinne beginnt und endet die Übung hier. Daran arbeiten wir unser gesamtes Leben – in jeder Lebenslage –, was übrigens auch einschließt, auf die Wippe anderer zu springen, die in Not sind.

Aber wie springen wir von der Wippe? Nur das Nicht-Selbst kann herunterspringen. Man könnte genauso gut fragen: Wie schlafen wir jede Nacht ein und wachen jeden Morgen auf? Das habe ich auch eine Teilnehmerin bei einem Retreat in den Niederlanden gefragt, die geklagt hatte, sie würde während der Meditation dauernd einschlafen. Denn das Selbst kann gar nicht einschlafen. Warum geht das nicht? Weil wir erst dann einschlafen, wenn wir das Selbst loslassen.

Praktisch gesehen gibt es natürlich einiges, was man tun kann, um beim Zazen wach zu bleiben: die Körperhaltung überprüfen, in der Pause Tee trinken, sich kaltes

Wasser ins Gesicht spritzen oder ein paar Schritte laufen beziehungsweise schnell gehen, um den Kreislauf in Schwung zu bringen. Wenn die Übung sich vertieft und kraftvoller wird, sollte das Problem von selbst verschwinden. Wenn nicht, ist es eventuell angebracht, sich ärztlich untersuchen zu lassen, weil etwas vorliegen könnte, das behandelt werden muss.

Andere Kapitel dieses Buches beschäftigen sich mit den praktischen Aspekten von Zazen, zum Beispiel damit, wie man in Samadhi eintritt und es im Alltag aufrechterhält. Deshalb hier nur das Wesentliche: Gebt euch geduldig der Übung hin, Moment für Moment. Habt keine Erwartungen, keine Hoffnungen oder Wünsche, keine Ängste. Lasst euch nicht von Einsichten oder Erfahrungen beeinflussen. Sie können uns inspirieren und in die richtige Richtung weisen, aber sie können uns auch in die Irre führen oder verwirren. Und führt ein gutes, euch zuträgliches Leben.

Wenn die Frucht reif ist, fällt sie von selbst vom Baum. Dieser Augenblick ist nicht vorhersehbar, und er kann nicht erzwungen werden. Was aber geschieht, wenn die Frucht herabfällt? Sie wird ganz einfach Nahrung für andere.

Von hier führt kein Weg dorthin

Eine amerikanische Anekdote aus dem neunzehnten Jahrhundert erzählt von einer Reise nach Arkansas. Ein Großstädter, der in seiner noblen Pferdekutsche unterwegs ist – sagen wir, ein cleverer Rechtsanwalt aus Philadelphia –, hat sich verirrt. Als er an einem Jungen vorüberkommt, der auf der Veranda einer Bruchbude seine Fiedel spielt, ruft er ihm zu: »He, Kleiner, komm doch mal her! Ich hab's eilig und bin auf dem Weg nach Little Rock. Kannst du mir sagen, wie ich so schnell wie möglich dorthin komme?«

Der Junge legt seine kleine Hand an sein knochiges Kinn, blickt gemächlich die Straße hinauf und hinunter, sieht dem Mann ins Gesicht und sagt: »Von hier führt kein Weg dorthin, Sir.«

Tja, denkt der Mann, es muss doch eine Möglichkeit geben, von hier dorthin zu kommen. Vielleicht muss ich ein Stück zurückfahren, aber irgendwie geht es bestimmt. Der Junge sagt zwar etwas anderes, aber er ist wohl nicht besonders helle. Ich muss es ihm ein bisschen einfacher machen.

Deshalb zeigt er auf die Straße und fragt: »Kannst du mir wenigstens sagen, wo diese Straße hinführt?«

Der Junge schaut sich die Straße genau an und erwidert: »Die Straße führt nirgendwo hin. Wenn ich morgens aufwache, ist sie einfach da.«

Nun hat der Mann genug: »Du bist der dümmste Kerl, der mir je begegnet ist!«

Daraufhin antwortet der Junge: »Mag sein, Sir. Aber *ich* habe mich nicht verirrt.«

Wir sind alle wie dieser clevere Rechtsanwalt aus Philadelphia, der versucht »dorthin zu kommen«, am besten so schnell, so billig und so einfach wie möglich. Dabei kleben wir die ganze Zeit reglos mit dem Hintern auf der Wippe fest, wodurch unser Vorhaben ein Ding der Unmöglichkeit wird.

In unserem tiefsten Innern sind wir jedoch auch alle dieser Junge: Wir wissen nichts, haben nichts, sind nichts. Das ist ein ganz direkter und reiner Weg: »Von hier führt kein Weg dorthin.«

Das Selbst kann das Nicht-Selbst nicht erkennen. Lasst daher während eurer kontinuierlichen, beständigen Übung alles los. Alles – das Gute, das Böse und das Hässliche, die Illusionen und die Erleuchtung. Dann werdet ihr es bestätigen können wie Linji, der, als er endlich festen Boden unter den Füßen hatte, ausrief: »Da ist ja überhaupt nichts dran!«

6

DAS UNBEDINGTE

Im Buddhismus, im Zen und im täglichen Leben

Was ist Buddhismus? Buddhismus ist ein praktischer Weg zur Befreiung. Befreiung wovon? Von allem. Von allen Bedingtheiten oder Bedingungen. Das Thema dieses Kapitels ist das Unbedingte. Doch wie wir sehen werden, ist alles – wir selbst eingeschlossen – bedingt. Wo und wie können wir dann Befreiung finden?

Man könnte meinen, dass wir die Bedingungen irgendwie transzendieren. Aber im Buddhismus wird nicht behauptet, dass es eine transzendente, übernatürliche Realität gibt. Das ist gar nicht notwendig. Dann stehen wir allerdings vor der Frage: Wo und wie können wir Befreiung finden? Es gibt keinen Ort, an den wir gehen könnten, keine transzendente Wirklichkeit. Und doch sind unsere Wirklichkeit und unser Selbst bedingt, instabil und ständig im Wandel. So lässt sich das Problem zusammenfassen, sowohl in der Praxis als auch in der Theorie. Es führt unmittelbar zu unserem Thema, dem Unbedingten.

»Dies (das Unbedingte) ist nicht bedingt. Wäre es nicht so, gäbe es keine Befreiung für das Bedingte. Weil das tatsächlich bedingungslos gilt, sind alle Bedingungen befreit.« So könnte man eine Buddha Gautama zugeschriebene Aussage aus den frühen buddhistischen Sutren paraphrasieren. Es ist keine Analyse, keine logisch aufgebaute Erörterung, wie sie oft in der Pali-Literatur vorkommen. Es ist eher ein Ausruf, eine Art Halleluja oder Heureka.

Die versammelten Mönche hören aufmerksam zu, während der Buddha diesen Ausruf tut, nachdem er, wie es heißt, »erkannt hatte, was dies zu bedeuten hat«. Auf die dahinter liegende Wahrheit komme ich später zurück. In gewissem Sinne entspringt alles, was ich zu sagen habe, dieser Wahrheit.

Um welche Bedingungen geht es genau? Im Buddhismus wird der Ausdruck »Bedingungen« manchmal als Fachbegriff, oft aber auch im weiteren Sinne verwendet. Man könnte sagen, dass unser Leben und wir selbst durch verschiedene Einflüsse bedingt sind: Raum und Zeit, Körper und Geist, frühere Handlungen und Entscheidungen, gegenwärtige Haltungen, unsere Gene, die Umweltbedingungen und vieles mehr. Natürlich ist das nicht nur Theorie oder Spekulation. Was geschieht, wenn wir keine saubere Luft zum Atmen oder kein Wasser zu trinken haben? Ohne diese Bedingungen wären wir nicht das, was wir sind. Es gäbe uns nicht einmal.

Der Buddhismus fordert uns auf, genau hinzuschauen und zu sehen, was wirklich da ist. Ist es nicht so, dass alles, auch wir selbst, Bedingungen unterworfen ist? Es wird nicht behauptet, hinter allem stehe eine ewige, unwandelbare Seele. Statt von einem Selbst oder einer Seele zu sprechen, wird diese Vorstellung im Buddhismus in die *sechs Sinne* aufgegliedert. Damit sind keine parapsychologischen Fähigkeiten gemeint, sondern die fünf üblichen Sinneswahrnehmungen (Hören, Sehen, Riechen, Schmecken und Tasten), denen als sechste die Wahrnehmung des Geistes oder Bewusstseins hinzugefügt wird. Dieser Geist, dieses Bewusstsein ist nur eine Sinneswahrnehmung, nicht mehr und nicht weniger. Genauso, wie wir hören, wenn das Ohr angesprochen wird, treten Gedanken und Gefühle auf, wenn der Sinn für die mentalen Vorgänge angeregt wird. Weil dieser sechste Sinn eine integrierende Funktion hat, neigen wir dazu, ihn als unser Zentrum und als unsere Identität zu betrachten. Wichtig ist jedoch, dass im Buddhismus aufgrund von Erfahrung und sorgfältiger Betrachtung kein substanzielles Selbst und keine zugrunde liegende Seele angenommen werden. Aufgezeigt wird vielmehr einfach die Arbeitsweise dieser sechs Sinne, wobei wir durchaus nicht dazu gedrängt werden, das schlicht zu glauben. Vielmehr werden wir aufgefordert, es auf eigene Faust und in unserer eigenen Praxis zu erforschen.

Die Rede ist ferner von den fünf *Skandhas* oder »Daseinsgruppen«. Sie beschreiben nicht nur das Selbst, sondern die ganze Wirklichkeit, ob nun erfahren oder vorgestellt:

1. Materie, einschließlich der stofflichen Form und des physischen Körpers,
2. Gefühl oder Empfindung,
3. Wahrnehmung,

4. Wille oder willentliche Gestaltung,
5. Geist oder Bewusstsein (der schon erwähnte sechste Sinn).

Noch allgemeiner spricht man von drei »Daseinsmerkmalen« (oder *Dharma-Siegeln*) all dessen, was ist:

1. ohne Dauer, unbeständig,
2. ohne innere Ruhe, Miss-Behagen,
3. ohne Selbst, ohne unveränderliches Wesen.

Diese drei Merkmale sind eng miteinander sowie mit den fünf Daseinsgruppen und den sechs Sinnen verknüpft. Weil die Dinge nicht immer so bleiben, wie sie sind, sind sie von Natur aus unbeständig. Es gibt nichts, was ewig existiert und frei von Wandel ist. Und weil auch wir kein ewiges, unwandelbares Selbst haben, können wir nicht völlig zur Ruhe kommen und im Frieden mit uns sein. Das zweite Merkmal, das ich »Miss-Behagen« nenne, stellt auch die Erste Edle Wahrheit des Buddhismus dar, die oft mit »Leiden« wiedergegeben wird.

Die drei Merkmale machen deutlich, dass kein bedingter Zustand dauerhaft ist und es nichts jenseits der bedingten Existenz gibt. Kein bedingter Zustand kann in sich selbst zur Ruhe kommen, ja es gibt kein zugrunde liegendes Selbst, keine Seele. Wir finden also in unserem inneren Sein keine Ruhe, egal, was und wie wir sind. In uns selbst können wir keine echte Stabilität finden, daher kommt das ständige Miss-Behagen unserer Existenz. Dies ist die Erste Edle Wahrheit.

Wichtig ist, dass dies der Ausgangspunkt der Erfahrung im Buddhismus ist, nicht deren Ende. Es wäre ziemlich deprimierend, wenn die Reise hier enden würde, aber man spricht von Vier Edlen Wahrheiten, nicht nur von einer, was wir nicht aus dem Blick verlieren dürfen.

Wer mit dem buddhistischen Denken nicht vertraut ist, findet diese Überlegungen womöglich etwas seltsam. Anders formulieren könnte man sie so: »Ich lenkte meinen Sinn auf das, was den Raum einschließt, und fand dort keine Ruhestätte, auch nahm mich Jenes nicht auf, dass ich hätte sagen können: ›Es ist genug, und hier ist's gut.‹« Diese Sätze stammen nicht von einem Zen-Meister, sondern aus den *Bekenntnissen* des großen Kirchenlehrers Augustinus. Er hat seinen eigenen gewaltigen spirituellen Kampf ausgefochten, von dem er in seiner autobiografischen Schrift auf ergreifende Weise berichtet. An dieser Stelle erkennt er klar, dass er so, wie er war, nicht in sich zur Ruhe kommen konnte. Er verwendet den Begriff des Raums, spricht jedoch nicht einfach über dessen physikalische, fassbare Dimension. Was aber war seine Rettung? Das steht in einer berühmten Passage am Anfang der *Bekenntnisse*: »Zu deinem Eigentum erschufst du uns, und ruhelos ist unser Herz, bis es ruhet in dir.« Das ist ein ebenso prägnanter wie wunderbarer Ausdruck der Erlösung, wie sie in der jüdisch-christlich-islamischen Tradition dargestellt wird: Wir können nur in Gott Ruhe finden, der unser Ursprung und unsere Rettung ist. Im Grunde hatte Augustinus entdeckt, dass ihm, so wie er war, nichts helfen würde. Und er hatte alles versucht, wie jeder weiß, der seine *Bekenntnisse* gelesen hat. Die Erlösung kam schließlich in einem Garten in Mailand im

Sommer des Jahres 386 über ihn. Aber er spricht direkt zu und für jeden von uns, wenn er eingesteht, unser Herz sei rastlos, bis es in Gott ruht.

Obwohl sich die Erlösung in der abendländischen Tradition von der im Buddhismus unterscheidet, ist das Problem dasselbe. Ich glaube nicht einmal, dass das etwas mit dem Buddhismus oder dem Christentum zu tun hat, sondern damit, ein Mensch zu sein. Auf die religiöse Suche schickt uns eine tiefe Einsicht – die Erkenntnis, dass wir uns selbst nicht genügen. Die Erste Edle Wahrheit ist nicht auf den Buddhismus beschränkt.

Der Kern des Problems

Lasst uns noch etwas tiefer gehen. Worin liegt der Kern des Problems? Sind es die Bedingungen, die uns binden? Nicht ganz. Im Buddhismus werden das Selbst, die Welt und alles in ihr als eine Art universelle wechselseitige Verbundenheit beschrieben, als wechselseitig abhängiges Entstehen und Vergehen. Alles geschieht aufgrund bestimmter Bedingungen und endet, wenn diese Bedingungen nicht mehr gegeben sind. Das hängt mit den drei erwähnten Daseinsmerkmalen zusammen. Wir haben bereits gesehen, dass der Buddhismus kein ewiges Selbst und keine Seele postuliert. Ebenso wenig wird eine absolute erste Ursache allen Seins vorausgesetzt wie etwa der Schöpfergott der jüdisch-christlich-islamischen Tradition.

Thematisiert werden hingegen die unmittelbaren Gründe unseres Miss-Behagens, und zwar mit Begriffen wie Unwissenheit, Verlangen und Anhaftung. Statt über den letztendlichen Grund aller Dinge zu spekulieren, konzentriert sich der Buddhismus auf die Tatsache, dass wir uns im Hier und Jetzt nicht wohlfühlen. Wenn wir uns selbst betrachten, sehen wir, dass dies auf Unwissenheit, Verlangen und Anhaftung zurückzuführen ist. Das ist unser Ausgangspunkt. In diesem Sinne ist der Buddhismus ein Weg oder Pfad der praktischen Übung, nicht nur Theorie oder Philosophie.

Buddhistische Begriffe wie Unwissenheit, Verlangen und Anhaftung beschreiben die jeweilige Ursache unseres Miss-Behagens. Wer eine einfache Antwort im Sinne von entweder/oder sucht, ist damit vielleicht nicht zufrieden. Blicken wir jedoch unter die Oberfläche, so sehen wir, dass diese Ursachen tatsächlich miteinander verbunden sind und auf verschiedene Dimensionen des Problems verweisen. Weil wir nicht wissen, wer wir wirklich sind, suchen wir andernorts nach Erfüllung. Da wir auf diese Weise nie zur Ruhe kommen, machen wir einfach weiter, blind, wie wir sind, und verstricken uns in Begierde und Anhaftung. Wenn wir an etwas hängen, werden wir habgierig und fürchten, es zu verlieren. Statt Erfüllung zu finden, scheint unser Miss-Behagen dadurch nur zuzunehmen. Warum empfinden wir dann Verlangen? Weil wir nicht wissen, wer und was wir wirklich sind. Wüssten wir es, würden wir nicht danach streben, etwas zu haben oder zu sein. Dieses Verlangen wiederum hält uns davon ab, zu sehen, wer wir wirklich sind, und so setzt sich der schmerzhafte Teufelskreis von Unwissenheit, Verlangen und Anhaften ewig fort.

Praktisch gesehen, liegt hier der Kern des Problems – es ist dieser winzige, buchstäblich substanzlose und doch verflixt hartnäckige Knoten der vom Selbst ausgehenden

Anhaftung. Eigentlich ist gar nichts dergleichen vorhanden, aber weil die Bedingungen so miteinander verstrickt sind, bildet sich ein fester Knoten aus »Ich-Sein«. Wir alle wissen, wie schmerzhaft das sein kann. Aus diesem Schmerz heraus beginnen wir mit der religiösen oder spirituellen Praxis. Er treibt uns dazu an, Zazen zu üben.

Spirituelle Praxis

Eine spirituelle oder religiöse Praxis bedarf großer Umsicht, sonst können alle möglichen Probleme auftreten. Zudem wird unsere existenzielle Frage womöglich nicht gelöst.

Wenn uns diese spirituelle Frage einigermaßen bewusst ist und wir darunter leiden, kann der Wunsch auftauchen, das ganze Bewusstsein buchstäblich auszulöschen, denn wo kein Bewusstsein ist, dürfte, wie man meint, auch kein Schmerz sein. Es gibt Übende, die tatsächlich versucht haben, durch meditative Praxis alle Bedingungen aufzulösen. Das ist eine uralte Kunst. Manche Yogis können sich in Trance versetzen und ihr Bewusstsein komplett ausschalten. Sie spüren nicht, wenn man dicht über ihrer Haut ein Streichholz anzündet, zumindest nicht in diesem Augenblick. Doch dies löst nicht unsere spirituelle Frage. Es ist nur eine kurze Pause im Bewusstseinsstrom wie bei exzessivem Alkohol- oder Drogengenuss. Damit hat auch Buddha Gautama vor seinem Erwachen gerungen, und nachdem er solche Praktiken gemeistert hatte, lehnte er sie ab. Er hatte erkannt, dass sie nur zu einem zeitweiligen Stillstand führen. Solange das Bewusstsein ausgeschaltet ist, ist man tatsächlich keinem Leiden und keinen Bedingungen unterworfen, doch dieser Zustand ist zeitlich begrenzt. Der Versuch, alle Bedingungen auszuschalten, wird unser Problem nicht lösen.

Ein anderer verbreiteter Irrtum liegt darin, alle möglichen Stimulierungen des Bewusstseins loswerden zu wollen, indem man etwa versucht, für die Praxis einen vollkommen ruhigen Ort zu finden oder zu schaffen. Das heißt, man versucht, nichts zu hören, nichts zu sehen und damit die Sinneswahrnehmungen zu minimieren. Das ist offenkundig eine Sackgasse wie der »Samadhi-Tank«, den der Neurophysiologe John C. Lilly in den 1950er-Jahren entwickelt hat. Als man ihn später zur Meditation verwendete, machten manche zwar friedliche, angenehme Erfahrungen, aber andere sind völlig durchgedreht. Welchen der sechs Sinne hatten sie vergessen auszuschalten? Den Geist. Der Versuch, den Inhalt des Bewusstseins mit solchen Methoden auszulöschen oder zu minimieren, berührt nicht einmal unser Problem, von seiner Lösung ganz zu schweigen.

Zazen

Beim Zazen ist es nicht nötig, etwas auszuschalten oder zu verdrängen, weder die äußeren Bedingungen noch die inneren Bedingungen oder Inhalte des Bewusstseins. Anfangs ist es natürlich von Vorteil, einen ruhigen Ort zu haben, der vom weltlichen Trubel entfernt ist. Deshalb gibt es Retreats. Sich abzuschotten ist aber nicht das endgültige Ziel, denn wir sollten vor der Welt nicht davonlaufen.

Zazen bedeutet, frei von allen Bedingungen zu sein, ohne sie zu beseitigen. Wir müssen sie nicht unterdrücken. Wenn wir uns zur Meditation setzen, sind die Augen halb geöffnet, nicht geschlossen. Wir halten nach nichts Ausschau, aber wir verschließen uns auch vor nichts. Wir sind einfach bei dem, was wir sehen oder hören. Wenn es verschwindet, ist es eben weg. Wenn jemand vorübergeht, sind wir uns dessen bewusst, aber wir machen nichts daraus. Jemand geht vorbei. Nicht mehr und nicht weniger. Diese Haltung unterscheidet sich von unserem normalen Bewusstsein, das schnell aus einer Mücke einen Elefanten macht: »Da ist er schon wieder. Wenn der Kerl nicht dauernd herumlaufen würde, könnte ich viel besser meditieren.« Oder: »Toll, die Meditation läuft super! Jemand ist vorbeigegangen, und das hat mich gar nicht abgelenkt!«

Dasselbe gilt auch für die anderen Sinne, doch der Geist als sechster Sinn stellt die größte Schwierigkeit dar. Darum üben wir in Retreats ununterbrochen und diszipliniert Zazen. Mit Geduld und Übung ist es recht einfach, bloß da zu sein, inmitten der Bilder, Geräusche, ja selbst inmitten der schmerzhaften Körperempfindungen, die bei einer langen Praxisperiode auftreten können. Echtes Zazen schließt Körper und Geist in ihrer Gesamtheit ein und integriert sie. Sich dabei auf den Atem zu konzentrieren, kann sehr hilfreich sein. Das Atmen ist eine natürliche Körperfunktion, die den Geist einschließt und annimmt.

Zazen bedeutet, frei von allen Bedingungen zu sein, ohne auch nur eine einzige auszuschließen. Mehr noch, echtes Zazen ist die Erfüllung aller Bedingungen. Wenn wir uns ganz einer konzentrierten Praxis hingeben und so lange sitzen, bis wir zum Ende unseres Selbst gelangen, löst sich der verschlungene Knoten dieser Illusion ganz von selbst auf. Es gibt nichts mehr, was ihn aufrechterhält. Nur das fehlgeleitete Verlangen, etwas Bestimmtes zu sein, zum Beispiel »erleuchtet«, hält dieses schmerzhafte Konstrukt zusammen.

Den Knoten auflösen

Stellen wir uns einen Schuh vor, der zu fest verschnürt ist, und betrachten ihn als Metapher für das Selbst. Was tun wir, wenn er zu drücken beginnt, wenn das Konstrukt des Selbst sich seines Miss-Behagens bewusst wird? Oft zerren wir dann an einem Ende des Knotens und machen ihn dadurch noch fester: »Das ganze Problem ist bloß mein Chef, dieser Trottel!« oder »Wenn ich nur nicht von diesem dämlichen Job abhängig wäre …« Anschließend ziehen wir manchmal am anderen Ende: »Ach, es ist alles meine Schuld. Ich bin zu nichts zu gebrauchen. Ich mache einfach alles falsch.« Jetzt ist der Knoten richtig fest. Jetzt tut es wirklich weh.

Zazen bedeutet, gleichzeitig an beiden Enden zu ziehen und den Knoten zu lösen. So einfach ist es. Das bestätigt unsere eigene Erfahrung, denn die Enge, die so schmerzhaft war, ist verschwunden. Nun können wir beide Enden der Schnürsenkel hochhalten und sehen, dass das Selbst nichts anderes war als die komplexe Verknotung der vorhandenen Bedingungen. Nicht mehr und nicht weniger.

Hier ist allerdings Vorsicht geboten, sonst kommt man auf die Idee, das Selbst sei etwas Schlimmes, das in Stücke geschlagen werden müsste. Das ist nur eine weitere Illusion, keine Aussage des Buddhismus. Wenn Gautama, ein Zen-Meister, ich oder du den Meditationsraum verlassen, ziehen wir selbstverständlich unsere eigenen Schuhe wieder an – nicht die eines anderen. Insofern haben wir alle ein Gefühl für unser Selbst, und das ist ganz in Ordnung so. Um nach draußen zu gehen, sind Schuhe eine praktische Angelegenheit, aber wir identifizieren uns nicht mit ihnen. Wir tragen sie freiwillig, und ebenso freiwillig ziehen wir sie wieder aus.

Das Herz-Sutra

Wir haben vorher immer wieder mal den frühen bzw. den Theravada-Buddhismus mit einbezogen. Das *Herz-Sutra* nun bringt explizit den Geist des Mahayana, der sich später entwickelte, auf den Punkt. Es ist wohl das am häufigsten rezitierte Sutra; nur eine Seite lang, enthält es alles. Schauen wir uns einige Stellen im Kontext unseres Themas an, um zu sehen, dass der Buddhismus mit einer Stimme spricht, auch wenn der Ton sehr unterschiedlich ist: »In der tiefsten Weisheit weilend, erkannte er deutlich, dass die fünf Daseinsgruppen leer sind.« Anders gesagt, alle Bedingtheiten sind leer von einem Selbst. »Daher wurde alles Miss-Behagen aufgelöst.« Das ist der Kern des Buddhismus. Die bekannteste Passage aber lautet: »Form ist Leerheit; Leerheit ist Form.« Anders gesagt, alle Bedingungen sind leer von einem Selbst, und diese wundersame Leerheit ist nichts anderes als alle Formen und Bedingungen. Es geht also nicht darum, diese Welt zu transzendieren und in eine Welt der Leere einzugehen. Im *Herz-Sutra* heißt es weiter: »Keine Augen, keine Ohren, keine Nase, keine Zunge, kein Körper, kein Geist.« Das sind die sechs Sinne, und es wird behauptet, die gebe es gar nicht. Es wird sogar gesagt, es gebe keine solche Art von Sinn, nichts, was sinnlich wahrgenommen werde, keinen Akt der Wahrnehmung. Und das ist noch nicht alles, denn anschließend heißt es: »Keine Unwissenheit.« War das nicht das Problem? Und dann: »Kein Ende der Unwissenheit.« Also gibt es weder Unwissenheit noch die Beseitigung von Unwissenheit, das heißt, es handelt sich eindeutig weder um einen Geisteszustand noch um geistige Leere. »Kein Miss-Behagen, keine Ursache des Miss-Behagens, keine Beseitigung des Miss-Behagens, kein Weg, der zur Beseitigung des Miss-Behagens führt.« Das sind die Vier Edlen Wahrheiten, und die sind alle fort. »Keine Weisheit, kein Erreichen.« Es gibt auch keine Weisheit und nichts zu erreichen.

Es ist nicht notwendig, das alles zu interpretieren. Wir könnten den Rest unseres Lebens damit verbringen und würden kaum die Oberfläche berühren. Wichtig ist, dass das *Herz-Sutra* nicht einfach von Bedingungen oder deren Nichtvorhandensein spricht. Dennoch geht es nicht um etwas Transzendentes oder Übernatürliches. Es ist dieser Augenblick, der leer ist. Wir sind es, die leer von einem Selbst sind. Wie es im *Herz-Sutra* heißt, bedeutet das »Freiheit von allen Hindernissen, von allen Ängsten, von allen Illusionen, vom Nirvana.« Kurz: Freiheit von allen Bedingungen, das heißt das Unbedingte.

Was wir für das Selbst und die Welt gehalten haben, hat sich verwandelt. Aber wohin sind wir gegangen? In irgendeine transzendente, übernatürliche Realität? Um auf den Anfang zurückzukommen, frage ich noch einmal: Wovon werden wir befreit? Von uns selbst, vom Knoten des anhaftenden Selbst. Damit sind wir frei von allem. Noch deutlicher ausgedrückt, müssen wir gar nicht von unseren Bedingungen befreit werden, denn die sind nicht das Problem. Was aber bleibt dann? Alles – jetzt unbedingt.

Vielleicht wirkt das noch etwas abstrakt. Werfen wir daher einen Blick darauf, wie in der Tradition des Zen-Buddhismus mit diesen Fragen umgegangen wird.

Das Unbedingte im Zen: Was ist Buddha?

Eine der häufigsten Fragen im Zen-Buddhismus lautet: »Was oder wer ist Buddha?« Buddha bezeichnet einen Erwachten, also dich, zur Wirklichkeit erwacht. In der Regel wird diese Frage von einem Mönch oder einem Laien gestellt, der sein Leben der Suche nach Erleuchtung widmet. Und wir stellen diese Frage, weil wir sie noch nicht verwirklicht haben. Die Frage trifft also den Nagel auf den Kopf: »Ich verstehe es einfach nicht, wer ist Buddha, was ist Erwachen?« In unserem Kontext läuft es auf die Frage hinaus: »Was ist das Unbedingte?«

Auf diese Frage wurden schon viele Antworten gegeben. Zum Beispiel fragt ein Mönch namens Echō, was Buddha ist. Die Antwort: »Du, Echō.« Das hört sich nach einem Dialog aus der Grundschule an. Franzi fragt: »Was ist Buddha?«, und der Lehrer antwortet: »Du, Franzi!« Das ist das ganze Koan, die ganze Frage und die ganze Antwort. Vielleicht hatte der Mönch vorgefasste oder falsche

Vorstellungen darüber, was der lebendige Buddha ist, und deshalb gab ihm der Meister diese Antwort. Aber das ist nicht der Punkt. Was verstehen wir unter Buddha – hier und jetzt?

Eine andere Antwort auf diese Frage lautet: »Drei Pfund Leinen (eigentlich »Der Flachs, aus dem dieses Leinen gemacht wird«).« Was ist der Unterschied zwischen dieser Antwort und der vorherigen? Einer Interpretation zufolge hantiert der Meister in diesem Augenblick gerade mit Leinen oder Flachs, vielleicht um Roben daraus zu machen. Oder er nannte das Gewicht der Robe, die sein Schüler trug. Für uns ist das ohne Belang; der springende Punkt ist, dass der Meister nach dem Wesen Buddhas gefragt wird und auf das eingeht, was in diesem Moment zufällig vorhanden ist. Eigentlich beantwortet er die Frage nach dem Unbedingten, indem er auf die unmittelbaren Bedingungen um ihn herum verweist. Eine großartige Antwort zu jener Zeit. Wenn aber jemand versucht, sie zu imitieren, geht sie verloren.

Noch eine Antwort: »Ein trockenes Stück Scheiße.« Das ist kein vulgärer Ausdruck, sondern ein religiöser Diskurs höchsten Grades. Vielleicht kannte der Meister den fragenden Mönch und wusste, dass dieser an der Vorstellung klebte, Buddha sei ein unvergleichliches Vorbild. Aber der Mönch schien Zweifel zu haben, deshalb fragte er nach. Vielleicht waren die beiden unterwegs und es lag Kot auf der Straße. Jedenfalls antwortet der Meister in dieser Situation: »Ein trockenes Stück Scheiße.« Ist daran etwas falsch? Geht das über das hinaus, was für den Begriff »Buddha« erlaubt ist? Gehen Buddhas auf die Toilette? Und was ist mit dir?

Warum kam der erste Patriarch aus dem Westen?

Eine andere sehr häufige Frage dreht sich um Bodhidharma, den ersten Patriarchen des chinesischen Zen. Er nahm die gefährliche Reise von Indien nach China auf sich, um den Dharma zu übertragen. Oberflächlich betrachtet scheint diese Frage eine völlig andere zu sein als die vorhergehende über das Wesen Buddhas, aber in Wirklichkeit geht es um dasselbe.

Was ist der Grund dafür, dass der erste Patriarch gekommen ist? Eine Antwort lautet: »Warum fragst du nicht nach deinem eigenen Grund?« Dann wäre es dir ein für alle Mal klar. Warum machst du dir die Mühe, nach Bodhidharma zu fragen?

Eine andere Antwort auf dieselbe Frage: »Wenn es einen Grund dafür gibt, kann niemand gerettet werden.« Im chinesischen Text gibt es kein Subjekt, deshalb könnte man »niemand« auch mit »ich«, »du«, oder »er« (Bodhidharma) wiedergeben. Aber der Punkt ist: Solange wir nach irgendetwas greifen, auch wenn es der Beweggrund Bodhidharmas oder eine sogenannte Erkenntnis ist, legen wir uns nur Fesseln an.

Noch eine Antwort: »Jener Baum im Garten.« Im Tempel, wo dieser Dialog stattfand, standen wohl große Eichen oder Zypressen, deren Äste sich in den Himmel reckten und deren Wurzeln sich in den Schoß der Erde gruben. Einem dieser stattlichen Bäume überließ der Meister das Reden. Darauf der Mönch: »Meister, bitte bezieht euch nicht auf gegenständliche [bedingte] Dinge.« Der Meister antwortet: »Das tue ich gar nicht.« Der

Mönch wiederholt seine Frage: »Warum kam dann der erste Patriarch?« Darauf der Meister: »Jener Baum im Garten!« Es ist, als ob der Mönch flehen würde: »Ich frage nach dem Unbedingten, also antworte mir nicht mit etwas Bedingtem. Ich will Leere, aber du gibst mir nur Formen.« Das Unbedingte erhebt sich genau in diesem Augenblick vor unseren Augen. Wo sonst sollte es zu finden sein?

Kōnan im Frühling: Rebhühner gurren, Blumen duften

In einem weiteren Dialog aus der Zen-Tradition fragt ein Mönch: »Reden und Schweigen sind relativ [oder bedingt]. Wie können wir von beidem frei sein?« Offenbar ist der Fragende in der Dualität von Reden und Schweigen gefangen. Wie würden wir wohl antworten? Der Meister jedenfalls antwortet mit dem Vers eines bekannten Dichters: »Ah, wie liebevoll erinnere ich mich an Kōnan im Frühling: Rebhühner gurren, Blumen duften!« Kōnan ist eine Region südlich des Yangtse, berühmt für ihre landschaftliche Schönheit. Ist der Meister der Versuchung erlegen, Sprache zu verwenden? Oder drückt er das, was jenseits von Reden und Schweigen liegt, nur lebendig und eloquent aus? Da seine Erinnerung einen liebevollen Charakter hat, sehnt er sich in gewissem Sinne nach der Schönheit, von der er spricht. Was für eine freie, wunderbare Antwort auf die Frage des Mönchs! Das Bild der Rebhühner, die einander im Frühling zugurren, zielt genau auf den Fragenden, der sich in der Dualität von

Reden und Schweigen verstrickt hat. Wenn zwei Verliebte sich nahe sind, stellt sich dann die Frage nach Reden und Schweigen, bedingt oder unbedingt?

Schon aus dieser kleinen Zahl an Beispielen aus der Zen-Tradition wird deutlich, dass wir nicht zum Unbedingten gelangen, indem wir die Bedingungen leugnen. Vielmehr ist das Unbedingte in jeder einzelnen Bedingung, in der wir uns wiederfinden, frei von der Verknotung, die aus der illusionären Anhaftung an das Selbst entsteht. Die Bedingungen selbst sind nicht das Problem, und ebenso wenig geht es darum, völlig wunschlos, leblos, kalt oder impotent zu werden. Das wird in der Zen-Tradition immer wieder deutlich, nicht zuletzt in dem oben erwähnten Vers, der so viel Sehnsucht ausdrückt.

Der Feuergott sucht Feuer

Es geht auch nicht um das bloße Verständnis in intellektueller oder anderer Form. Besonders anschaulich demonstriert wird das in dieser Geschichte: Drei Jahre lang übt ein Mönch bei einem Meister, sucht diesen jedoch nie auf, um Anweisungen zu erhalten. Deshalb fragt der Meister nach. Er habe bei seinem früheren Meister eine Erkenntnis gehabt, erklärt der Mönch. Als der Meister nachbohrt, erzählt der Mönch, er habe seinen früheren Meister gefragt, was das Selbst eines Zen-Übenden sei. (»Was ist Buddha?« ist dieselbe Frage.) Der Meister habe geantwortet: »Der Feuergott sucht Feuer.« Das sei wirklich eine gute Antwort, sagt der jetzige Meister, doch der Mönch habe sie noch nicht ganz verstanden. Dieser entgegnet, es sei wie Feuer, das nach Feuer suche, oder wie das Selbst, das nach sich selbst suche. (Der Feuergott steht immer in Flammen, was wäre also absurder als ein Feuergott, der nach einem Streichholz verlangt?) Doch der Meister erklärt nur, dass der Mönch tatsächlich überhaupt nicht verstanden habe, worum es gehe. Aufgebracht verlässt der Mönch das Kloster, aber unterwegs kommen ihm echte Zweifel. Deshalb kehrt er um und bittet den Meister aufrichtig um Antwort: »Was ist das Selbst eines Zen-Übenden?« Der Meister erwidert: »Der Feuergott sucht Feuer!« Darauf erwacht der Mönch sofort. Die Worte sind dieselben. Was ist jetzt anders?

Es gibt viele gute Geschichten, aber darum geht es nicht. Wenden wir uns daher nun dem Unbedingten in unserem eigenen Leben zu.

Das Unbedingte in unserem eigenen Leben

Wir haben nun einige buddhistische Sutren und Zen-Geschichten kennengelernt, aber das Freisein vom Selbst hier und jetzt zu verwirklichen, ist etwas ganz anderes. Vielleicht denkt ihr, das sei unmöglich. Dann liegt ihr falsch, denn wir verlieren uns ständig. Was geschieht, wenn wir in die Welt eines Films eintauchen oder uns in einem Buch »verlieren«? Und wie ist es, wenn wir verliebt sind? Wohin gehen wir, wenn wir uns verlieren?

Welcher Art ist diese Erfahrung, völlig in einem Film, in der Musik, in einem Spiel oder im Sport aufzugehen? Wir verlieren dabei nicht unser Bewusstsein oder unsere Handlungsfähigkeit. Ist es nicht vielmehr so, dass wir in diesen Momenten voll und ganz präsent sind? Musiker, Künstler und Sportler kennen sich darin aus.

Worin liegt der Unterschied? Sich auf diese Weise zu verlieren heißt, für kurze Zeit ein wenig über sich selbst hinauszugehen. Danach kehren wir wieder zu uns zurück. Damit allerdings beschäftigt sich die buddhistische Praxis nicht. In ihr geht es darum, das illusionäre Konstrukt des Selbst voll und ganz aufzulösen. Zur Wirklichkeit zu erwachen heißt zu erkennen, dass es kein Selbst gibt, zu dem man zurückkehren könnte, und sich auch nicht daran festzuhalten. Das ist etwas ganz anderes als eine kalte, leblose Trance; es gibt nichts Lebendigeres und Befreienderes. Jeder einzelne Augenblick entfaltet sich ins Grenzenlose.

Nach einer langen Autofahrt nach Hause findest du dich plötzlich vor deiner Einfahrt wieder. Wie hast du das gemacht? Warst du eigentlich, wo du gewesen bist, oder nicht? Vielleicht ist jetzt verständlich, dass diese scheinbar unbegreiflichen, mehrdeutigen buddhistischen Texte etwas sehr Tiefes, sehr Präzises ausdrücken. Wir berühren es jeden Tag unseres Lebens, aber nur kurz und nur vorübergehend. Es ist ein vergänglicher, partieller Zustand, der normalerweise auf eine bestimmte Tätigkeit begrenzt ist. Diese Begrenzung kommt daher, dass wir immer noch an jenes illusionäre Konstrukt des Selbst gebunden sind. Die lebendige Wirklichkeit ist aber kein Zustand, ob nun vorübergehend oder nicht. Sie ist überhaupt kein Ding, nichts Objektivierbares.

Wenn wir nach einer solchen Alltagserfahrung wieder zu uns kommen, sagen wir: »Mensch, war das toll!« Damit haben wir die grenzenlose Wirklichkeit bereits auf einen Zustand reduziert, den wir in der Vergangenheit erfahren haben. Aber was ist mit dem Moment, in dem wir uns voller Bewunderung in einem Bild oder einem Konzert verloren haben? Was war da? Und was waren wir in diesem Moment, in dem wir verloren waren? Wir waren vollkommen präsent, und doch waren wir überhaupt nicht da. Wie seltsam – und doch passiert es uns allen ständig, jeden Tag. Gerade jetzt machen wir nichts anderes: Ich gebe mich dem Schreiben, ihr gebt euch dem Lesen hin.

Warum ist es so leicht, ja buchstäblich mühelos, sich im Alltag einen Moment lang zu verlieren, aber so schwer, es in der spirituellen Praxis zu tun? Eigentlich ist Zazen überhaupt nicht schwierig. Es kommt uns nur so schwer vor, weil unser Geist zu einer Traumfabrik geworden ist, die ständig Gedanken und Gefühle produziert und einer Form nach der anderen hinterherläuft. Zazen ist inmitten unserer normalen geistigen Geschäftigkeit und Rastlosigkeit unmöglich – aber nicht, weil Zazen so schwierig wäre. Wenn man sich der Meditation mit Haut und Haaren hingibt, ist nichts einfacher. Es gibt nichts zu erreichen. Es ist einfacher, als den Finger zu heben. Die Schwierigkeit liegt in uns selbst, nicht im Zazen. Wenn wir uns Zazen mit unserem abgelenkten und ablenkenden Geist nähern, scheint es weit entfernt und schwierig zu sein. Deshalb verlangt nachhaltiges Zazen ein wenig Disziplin und Geduld, die wir nicht zuletzt bei Retreats erlernen können.

Wenn ich an einer Blume rieche, dann bin nicht *ich* es, der eine *Blume* riecht. In diesem Moment gibt es nur: »Ahhh!« Es gibt weder ein Selbst noch eine Blume. Jeden

Tag bestätigen wir mit unserer eigenen, lebendigen Erfahrung die Wahrheit jener anscheinend unbegreiflichen, mehrdeutigen buddhistischen Schriften. Dennoch können wir diese Wahrheit nicht vollständig als das erkennen, was sie ist. Stattdessen kommt der Knoten des »Ich« zurück, und die grenzenlose Wirklichkeit wird auf mich selbst reduziert, wenn ich einem Objekt gegenüberstehe, zum Beispiel einer duftenden Blume oder einem stinkenden Schuh. Durch meine rastlosen mentalen Gewohnheiten verwandelt sich die lebendige Erfahrung in etwas, das »ich« erlebe. Dennoch ist unbestreitbar, dass die »Auflösung« des Selbst – der Kern des Buddhismus – bei jedem Schritt unter unseren Füßen liegt. Sie ist jeder Schritt. Wir sind wie kleine Kinder, die sorgfältig ihre Turnschuhe binden, um hinauszulaufen und zu spielen. Ehe wir uns versehen, sind unsere Schuhe wieder offen. So viel ist klar: Was wir für uns selbst halten, besitzt keine reale Substanz. Tatsächlich verlieren wir uns ständig selbst. Diese Auflösung des Selbst ist eine lebendige Realität, kein vages Ideal, das in der Zukunft durch eigene Anstrengung erreicht werden soll.

Man könnte einwenden: »Aber wir brauchen das Selbst. Ohne das Selbst können wir keine Entscheidungen treffen, geschweige denn uns selbst verlieren.« Das hört sich logisch an, aber es stimmt nicht. Der japanische Zen-Meister Bankei hat gern darauf verwiesen, dass wir auch dann Geräusche hören, wenn wir gerade einem Vortrag folgen. Wenn ein Auto vorbeifährt, wissen wir, dass es sich um ein Auto handelt, und wenn ein Hund bellt, wissen wir, dass es ein Hund ist, nicht eine Katze oder ein Auto. Bankei fragt nun, woher wir das wissen. Wie können wir über diese Dinge Bescheid wissen, ohne uns ihnen zuzuwenden und ohne über sie nachzudenken? Bankeis Antwort ist die ungeborene Buddha-Natur, das heißt, hier ist das Unbedingte am Werk. Sobald eine Krähe krächzt, sind wir uns dessen bewusst, ohne darüber nachzudenken oder etwas daraus zu machen.

Von Bankei stammt auch folgendes Beispiel: Wenn wir zu zweit eine belebte Straße entlanggehen, müssen wir weder unser Gespräch abbrechen noch uns bewusst durch die Masse schlängeln. Wir bewegen uns mühelos hindurch, während wir uns weiter unterhalten. Wie in aller Welt tun wir das? Sind wir dazu in der Lage, weil wir ein Selbst besitzen – oder weil wir keines besitzen? Wenn jemand unseren Namen ruft, antworten wir. Woher? Woher kommen wir? Wer sind wir, bevor unser Name gerufen wird? In den buddhistischen Schriften heißt es, jedes Selbst sei wie ein Kopf, den wir auf denjenigen stülpen, den wir bereits haben. Es ist, als würden wir unsere ursprüngliche, grenzenlose Freiheit in einen Schuh stopfen und diesen fest zuschnüren, um dann durch die Gegend zu stolzieren und zu sagen: »Seht mich an!«

Wirklichkeit praktizieren

Es dauert zwar etwas, aber wenn wir uns der Praxis voll und ganz hingeben, werden wir erfahren, wie erleichternd es ist, offene Schnürsenkel zu haben. Das ist zwar wichtig, aber der buddhistische Weg ist damit nicht zu Ende. Er hat erst begonnen. Wir müssen unsere Praxis sogar noch vertiefen, um dafür zu sorgen, dass die Schnürsenkel wirklich gelöst sind und es auch bleiben. Deshalb geht es in der Praxis nicht nur darum, den Knoten zu lösen, sondern den ganzen Schuh aufzubinden.

Zuallererst wird der Knoten gelöst, aber dann – so seltsam es klingen mag – müssen wir uns vergewissern, dass wir uns nicht an der Tatsache festhalten, offene Schuhe zu haben. Daher ziehen wir den Schnürsenkel geduldig aus den Ösen und öffnen den Schuh bis ganz unten. Was heißt das? Wir bringen alle unser eigenes Karma mit, unsere persönliche Geschichte und unsere Erfahrungen, und all das müssen wir in unserer Praxis durcharbeiten. Eine sehr tiefe Erkenntnis zu haben, löst nicht jedes persönliche Problem. Wir Menschen sind sehr komplexe Wesen, weshalb es keine Garantie dafür gibt, dass sich der Knoten nicht wieder zuzieht. Den Knoten zu lösen, ist nicht dasselbe, wie den Schuh ganz zu öffnen. Erst wenn er ganz aufgeschnürt ist, können wir den Schnürsenkel in die Höhe halten und erkennen, was er wirklich ist. Allerdings dürfen wir uns auch darin nicht wieder verknoten.

»Aber welche Praxis ist die richtige für mich?« Da gibt es viele Möglichkeiten. Zazen ist eine davon, aber es ist nicht der Weg für jeden. Wie erwähnt, hat Augustinus ebenfalls einen authentischen Weg gefunden, der zwar nicht zu jedem passt, für Christen jedoch wertvolle Hinweise liefern kann. Egal, für welche Praxis man sich entscheidet, es sollte eine sein, die der Suche als Praxis des Selbst ein Ende bereitet. Solange *ich* versuche, etwas durch *meine* Praxis zu erreichen, ist diese Praxis noch nicht rein. Ein Rest von Selbsttäuschung ist noch übrig. Gebt euch daher unter allen Umständen der Praxis hin und verwirklicht sie. Doch lasst sie in der Wirklichkeit wurzeln, statt sie auf das Selbst zu gründen, denn sonst geht ihr immer auf irgendein Ziel zu und nähert euch ihm an, ohne es jemals zu erreichen!

»Sag mir, wie man das tut!« Vielleicht heißt diese Frage eigentlich: »Sag mir, welche konkreten Bedingungen ich erfüllen muss, um garantiert Erfolg zu haben.« Im Kontext unserer Eingangsfragen heißt das: »Wie und wo kommt es zu dieser Verwirklichung?« Oder: »Welche Bedingungen sind notwendig?« Überhaupt keine. Es geht nur darum, den Knoten der Anhaftung an das Selbst aufzulösen. Das ist keine Bedingung. Löse dein Selbst auf. Was hält den Knoten zusammen? Unsere ständige Selbst-Täuschung und unser Verlangen, jemand zu sein, etwas zu tun – das ist die Ursache. Die sogenannte Buddha-Natur, heißt es, ist in gewöhnlichen Menschen nicht vermindert und in Buddhas nicht vermehrt. Sie ist nichts, was uns fehlt oder was wir erreichen könnten.

»Sei konkreter!« Gut, dann nimm den Gedanken, den du gerade denkst, und verfolge ihn bis zu seinem Ursprung. Löse ihn auf. Woher kommt dieser Gedanke? Schau dir dein Selbst an – was immer du dafür halten magst – und folge ihm bis zu seinem Ursprung. Woher kommst du gerade? Was fehlt dir hier und jetzt – in diesem Augenblick?

Lasst uns dort enden, wo wir begonnen haben. »Dies (das Unbedingte) ist nicht bedingt. Wäre es nicht so, gäbe es keine Befreiung für das Bedingte. Weil das tatsächlich bedingungslos gilt, sind alle Bedingungen befreit.« Ich habe mich mit vielen Übersetzungen dieser Passage beschäftigt und mit Unterstützung von Indologen auch den Pali-Text studiert. In einigen Fällen ist die Rede von einer »Befreiung von den Bedingungen«. Der Pali-Text ist zweideutig und kann so oder so verstanden werden. Ich schlage vor, es als eine Befreiung *für* die Bedingungen zu lesen. Weshalb? Weil eine Befreiung *von* den Bedingungen suggeriert, wir könnten diesen lästigen Ballast loswerden, indem wir uns an einem unbedingten Selbst festhalten.

Buddhistische Praxis bedeutet Befreiung für alle Bedingungen. Sie strebt die Befreiung aller Wesen und aller Bedingungen oder Ursachen des Miss-Behagens an. Das ist nicht nur das Ideal des Bodhisattva im Mahayana. Wenn unser Erwachen nicht alle Wesen einschließt (ob sie sich dessen bewusst sind oder nicht, ist eine andere Frage), dann ist es nicht echt. Wahres Erwachen erwächst aus Mitgefühl.

Wir müssen uns selbst fragen, ob unsere Praxis wahrhaft im Mitgefühl, in einem Werk der Liebe ihr Ziel findet oder ob wir zu Wirklichkeitsflucht und Untätigkeit neigen. Indem wir am Leiden und am Miss-Behagen anderer frei und selbstlos teilnehmen, helfen wir ihnen, leer zu werden und loszulassen.

Wir streben nicht nach Befreiung *von* allem, sondern nach der Befreiung *für* alles. Das ist mehr als ein Wortspiel, es ist ein wesentlicher Punkt in unserer Praxis – nicht nur im Hinblick darauf, wie wir sie »vollenden«, sondern auch, wie wir sie aufrichtig beginnen.

TEIL DREI

Der Kern der Praxis

7

SPIRITUELLE ERFAHRUNG IM LICHT DES ZEN-BUDDHISMUS

… und umgekehrt

Im Zen ist das Koan eines der Hilfsmittel, um zur Wahrheit vorzudringen. Wird es zur äußersten Herausforderung, kann es als spirituelle Aufgabe gesehen werden. Wenn diese Aufgabe sich hier und jetzt zeigt, spricht man von einem *Genjō-Koan,* wörtlich einem »gegenwärtigen« Koan. Wie es entsteht, illustriert eine Geschichte aus dem Pali-Kanon.

Hier ist kein Leid

Yasa war der Sohn eines Kaufmanns aus der heiligen Stadt Varanasi am Ganges. Sein Vater war so wohlhabend, dass er ihm drei stattliche Häuser schenkte, eines für jede Jahreszeit. Hinter ihren Mauern war das Leben angenehm; der junge Mann kostete ausgewählte Speisen, für seine Unterhaltung sorgten Musikantinnen. Er lebte, könnte man sagen, in Saus und Braus.

Eines Nachts schlief Yasa nach Tanz und Gesang ein, sein Gefolge ebenso. Manche der Musikantinnen überkam der Schlaf, wo sie gerade saßen, ihre Instrumente noch in den Händen. Mitten in der Nacht, als alle anderen im Schlummer lagen, erwachte Yasa plötzlich und blickte sich um.

Überall herrschte ein heilloses Durcheinander. Er war darüber so entsetzt, als wäre er im Reich der Toten aufgewacht. Das Licht einer Öllampe fiel auf eine junge Frau, die wenige Stunden zuvor für ihn gesungen und gespielt hatte. So wie sie jetzt ausgestreckt vor ihm lag, sah sie nicht mehr besonders anmutig aus. Andere schnarchten und sabberten im Schlaf.

Yasa war ein feinsinniger junger Mann. Als er all das sah, dachte er: »Wie furchtbar! Was für ein Elend!«

Yasas Worte spiegeln sein Dilemma wider. Sein Einblick in die Erste Edle Wahrheit hinterließ einen bitteren Beigeschmack: Niemand kann sich dem grundlegenden Miss-Behagen entziehen. Ob Bettler oder König, das Selbst findet nie vollkommenen Frieden.

Yasas Erfahrung ist nur zu verständlich. Urplötzlich ist er mit der Kehrseite seines angenehmen Lebens konfrontiert, und was er da sieht, gefällt ihm nicht. Er beschließt, alles hinter sich zu lassen, weil es ihm nun nichts mehr bedeutet. Noch vor Sonnenaufgang macht er sich auf den Weg. Am frühen Morgen stößt er zufällig auf den Buddha. Als dieser den zutiefst verstörten jungen Mann auf sich zukommen sieht, setzt er sich zur Meditation nieder. Schnurstracks geht Yasa auf ihn zu und bringt sein Genjō-Koan vor, das lebendige Problem, das ihm in diesem Augenblick im Nacken sitzt: »Wie quälend doch alles ist! Überall herrscht nur Unbeständigkeit und Leid!«

Was sagt der Buddha diesem jungen Mann? Wie würden wir antworten, wenn jemand in so großer Verzweiflung zu uns kommt? Der Buddha sagt: »Hier ist kein Leid.«

Was hat das zu bedeuten? Der Buddha und Yasa befinden sich zur selben Zeit am selben Ort. Dennoch ist ihre Erfahrung völlig unterschiedlich, ja gegensätzlich. Ist einer von ihnen nicht ganz bei Trost? Wohl kaum. Beide sprechen aufrichtig aus ihrer Erfahrung heraus. Was aber ist diese Erfahrung?

Als Yasa die Worte des Buddha hört, schöpft er neuen Mut. Er zieht seine goldenen Sandalen aus und lauscht der Lehre. Es ist nicht die direkte Lehre des Zen, sondern jene des Stufenweges, den man Schritt für Schritt erklimmt. Nach kurzer Zeit durchschaut Yasa alles und wird – immer noch Laie – zum siebten *Arhat,* dem siebten im Zeichen des Buddhismus Erwachten auf dieser Welt. Buddha Gautama war der erste, gefolgt von seinen fünf Gefährten, die mit ihm in Askese lebten.

Diese einfache Geschichte enthält den Kern des Buddhismus und damit alles, was wir brauchen. Wo war Yasa, als er seine Worte sprach? Und wo war der Buddha? In der buddhistischen Praxis geht es schlicht und einfach darum, in uns selbst zu erkennen, was Yasa erkannte, und zu verwirklichen, was der Buddha verwirklicht hat.

Jetzt herrscht Frieden

Etwa ein Jahrtausend nachdem Yasa in Varanasi auf den Buddha getroffen war, kam der buddhistische Meister Bodhidharma aus Indien nach China. Dort meditierte er tief in den Bergen vor einer Felswand und wartete auf jene, die hungrig genug waren, um ihn zu finden. Schließlich machte sich ein chinesischer Mönch auf den Weg zu ihm und formulierte sein Genjō-Koan kurz und bündig: »Ich bin nicht im Frieden mit mir; bitte, Meister, gib mir Frieden!« Wie unterscheidet sich dieses Koan von Yasas Koan? Oder von deinem? Wie antwortet Bodhidharma diesem Mönch? Bodhidharma entgegnet: »Zeig mir dieses Selbst, das keinen Frieden findet – und es wird in Frieden sein.« Nur wenn wir der Täuschung ganz auf den Grund gehen, wenn sie sich vollständig auflöst, können wir Frieden finden. Was ich hier als *Selbst* wiedergegeben habe, wird meist mit *Geist* oder mit *Herz* übersetzt. Das verfehlt jedoch den Sinn, denn hier geht es nicht nur um ein Problem von Geist oder Herz. Hier geht es um das Selbst.

Bodhidharma fragt den Mönch nicht, wann er sein Problem zum ersten Mal wahrgenommen oder wie er sich beispielsweise früher mit seinen Eltern verstanden hat. Natürlich sind das keine unwichtigen Fragen; sie können sogar sehr bedeutsam sein. Dennoch spielen sie hier keine Rolle. Weshalb? Sobald ein Problem gelöst ist, taucht ein neues auf – so funktioniert das Selbst nun mal. Auf diese Weise kann das Ende des Miss-Behagens nie erreicht werden. Ein Problem nach dem anderen zu finden, ist ein typischer Grundzug des Selbst, das sich in einem endlosen Teufelskreis aus Miss-Behagen verfängt. Daher Bodhidharmas Aufforderung, nicht alle möglichen Anzeichen dafür aufzuzählen, sondern direkt ihren Ursprung zu durchschauen. Das ist die unmittelbare Lehre des Zen-Buddhismus.

Im Gegensatz zu vielen anderen buddhistischen Schriften sind Zen-Texte kurz und bündig. Wir erfahren wenig Details. Doch nach seinem Besuch bei Bodhidharma muss der chinesische Mönch einigen Fragen intensiv auf den Grund gegangen sein: Was ist dieses Selbst, dieser Ursprung allen Miss-Behagens? Befindet es sich innen, außen oder irgendwo dazwischen? Schließlich suchte er Bodhidharma wieder auf und sagte: »Ich habe gesucht, aber letztlich gibt es nichts, was erreicht werden könnte.« Das klingt so, als hätte der arme chinesische Mönch alles versucht, aber umsonst. Doch das Gegenteil ist der Fall – zu erfahren, dass etwas »nicht erreichbar« ist, zählt zu den besten Erkenntnissen, die man haben kann. Denn dann ist klar, dass es überhaupt nichts zu erreichen gibt, dass es auch kein Selbst gibt, das etwas erreichen könnte. Und so beschließt Bodhidharma das Gespräch mit den Worten: »Jetzt herrscht Frieden!«

Diese Begegnung legt den Grundstein der Zen-Tradition in China, denn der Mönch wurde später deren zweiter Patriarch.

Wer bindet dich?

Bodhidharma lebte um das Jahr 500. Etwa zweihundert Jahre nachdem Zen in China Fuß gefasst hatte, sagte Meister Shitou (jap. Sekitō, 700–790): »Der Geist an sich ist Buddha.« Was bedeutet das? Auch hier geht es nicht um Geist oder Herz, sondern um das Selbst. Mit »Buddha« meint Shitou nicht den historischen Buddha, sondern unser Erwachtsein. Buddha bedeutet »der Erwachte« und bezieht sich auf jeden von uns, der zur lebendigen Wahrheit erwacht ist. Daher bedeuten Shitous Worte einfach: »Du bist erwacht!« Im Grunde sind wir frei von allem Miss-Behagen.

Daraufhin fragt einer der Mönche: »Was aber ist mit der Befreiung?« Der Fragende hat wohl schon eine ganze Weile geübt. Er hat seine Heimat und seine Familie aufgegeben, sich den Kopf scheren lassen und die beschwerliche Reise zu Shitou unternommen. Vielleicht glaubt er, seinem hohen Ziel der Befreiung nahe zu sein. Doch der Meister antwortet prompt mit der Gegenfrage »Wer bindet dich?« und zieht damit seinem Schüler den Boden unter den Füßen weg.

Wir verstehen die Frage des Mönchs und seinen großen Zweifel. Doch verstehen wir auch Shitous Antwort? Wer bindet dich – hier und jetzt? Es gibt keine kompromisslosere Antwort als diese Gegenfrage, die alle Grübeleien ein für alle Mal beendet. Unterscheidet sich Shitous Frage von der Aufforderung Bodhidharmas an den Mönch, sein ruheloses Selbst zu zeigen, oder von der Bemerkung des Buddha, hier sei kein Leid?

Mu

Das wohl berühmteste aller Koans ist Zhaozhous »Mu«. Etwa hundert Jahre nach Shitou fragt ein Mönch den Zen-Meister Zhaozhou (jap. Jōshū, 778–897), ob ein Hund die Buddha-Natur habe oder nicht. Was steckt hinter dieser Frage? Vielleicht hat ein Hund, der zufällig vor den beiden steht, den großen Zweifel des Fragenden geweckt. Denn nach der Lehre haben zwar alle fühlenden Wesen Buddha-Natur, doch in diesem Tier konnte der Mönch sie einfach nicht erkennen. Vielleicht stand da ein räudiger, unansehnlicher Köter. Jedenfalls wollte der

Fragende wissen, ob der Hund wirklich von Natur aus erwacht sei und frei von allem Miss-Behagen.

Zielt die Frage des Mönchs nur auf die wahre Natur des Hundes? Oder nutzt er die Gelegenheit, um eine grundlegende Frage über sich selbst zu stellen: Bin *ich* wirklich frei von allem Miss-Behagen? Besitzt sogar jemand wie ich diese reine und völlig erwachte Natur?

Meint der Mönch, der Hund sei geringer als ein Mensch – und ein Mensch wie er selbst sei geringer als ein Buddha? Jedenfalls ist sein persönliches Koan unausweichlich. Wenn wir erkennen, dass ein solches Koan auch für uns unausweichlich ist – und wenn wir es uns zu eigen machen –, dann kann es auch für uns zu einem lebendigen Koan werden.

Wie antwortet der Meister auf diese Frage? Zhaozhou sagt einfach »Mu«, was so viel heißt wie »Nicht!« oder »Nichts da!«.

Obwohl die Antwort aus einem einzigen Wort besteht, wurde sie zum bekanntesten Koan der Zen-Tradition. Zahllose Mönche, Nonnen und Laien haben über Jahrhunderte hinweg damit gerungen. Bis heute ist es ein grundlegendes Koan für jene, die in ein Rinzai-Kloster eintreten. Aber was verneint Zhaozhou eigentlich, wenn er »Nichts da!« ruft? Woher kommt dieses »Nichts da«?

Das Ende der Selbst-Begrenzung

Yasa und Buddha Gautama, die chinesischen Mönche und Bodhidharma, Shitou und Zhaozhou – all dies sind Begegnungen zwischen Menschen. Worauf zielen sie wirklich ab? Woher kommen sie, und wohin bewegen sie sich? Wer sich noch nie mit solchen Fragen beschäftigt hat, sieht darin womöglich nur Wortspielereien und Unsinn. Aber das sind diese Dialoge nicht. Die Wahrheit, die darin aufblitzt, hat sich in der Kultur des Zen, in Malerei, Kalligraphie und Lyrik Ausdruck verschafft. Wie können wir uns dieser Wahrheit heute annähern?

Werfen wir einen Blick auf unsere eigenen Erfahrungen. Habt ihr euch schon einmal in einem atemberaubenden Sonnenaufgang verloren? Oder in einem Musikstück, dem ihr gelauscht oder das ihr selbst gespielt habt? Seid ihr einmal in einer Gruppe ganz aufgegangen? Wart ihr bei einem Liebesakt einmal mit Partner oder Partnerin ganz eins? Habt ihr schon einmal ein Neugeborenes in den Armen gehalten?

Das sind nicht unbedingt spirituelle Erfahrungen, aber es sind welche, die wir kennen. Also beginnen wir dort. Wir kleiden diese Erfahrungen allerdings nicht in Begriffe, machen daraus kein Erlebnis und sagen: »Das war großartig!« Denn mit diesen drei Worten haben wir die Erfahrung bereits zu einem Objekt gemacht, zu einem vergangenen Ereignis, das vom Selbst bewertet wurde.

Aber was ist Erfahrung in sich selbst – *während sie geschieht*? Nicht hinterher. Nicht, wenn wir später daran denken, sondern in genau dem Moment, in dem wir uns in ehrfürchtiger Stille in einem Bild oder einem Musikstück verlieren und eins damit sind. Was ist es, bevor es »großartig« ist?

Inmitten einer solchen Erfahrung berühren wir alles, was wahr, gut und schön ist. Jenseits aller Bewertungen spüren wir, was wirklich wertvoll ist. Wo ist das »Selbst« in diesem Augenblick? Wo ist die »Welt« mit all ihren Spannungen, ihrem Chaos, den Mauern und Hindernissen, die uns so real vorgekommen sind? In solchen Erfahrungen löst sich unsere »Selbst-Begrenzung« spontan auf. Dann erfahren wir, dass wir nicht das sind, was wir immer zu sein glaubten.

Der innere Dialog, den wir so oft mit uns selbst führten, ist vollkommen verstummt, während wir eine Erfahrung machen. Wir wissen das, weil er irgendwann wieder einsetzt. Wo war er zwischenzeitlich?

Ist es nicht so, dass wir bei einem solchen Erlebnis in einem sehr realen Sinne *unser Selbst verlieren*? Dafür finden wir etwas, das unendlich tiefer, wahrer und unmittelbar mit dem Grund aller Dinge verbunden ist. Erfrischt, voller Freude, zuversichtlich, erfüllt von Liebe und Dankbarkeit tauchen wir aus einer solchen Erfahrung wieder auf.

Dankbarkeit

Wofür sind wir eigentlich dankbar? Das ist beinahe schon ein Koan. Für das pralle Glück, das gute Schicksal, den gegenwärtigen Moment oder für das Ende des Leidens? Das klingt alles nicht so richtig passend, nicht wahr? In allen Zeiten und Kulturen haben Menschen mit spiritueller Erfahrung wie beispielsweise Franz von Assisi, Johannes vom Kreuz, die große Sufi-Mystikerin Rabia von Basra und der Dichter Walt Whitman ausgedrückt, dass sie letztendlich für *alles* dankbar waren. Paulus schreibt im Epheserbrief (5,20): »Sagt Gott, dem Vater, jederzeit

Dank für alles.« Das bedeutet freilich nicht, dass wir etwa soziale Missstände ignorieren und nicht versuchen sollten, das zu verändern, was ungerecht ist. Unser Handeln aber muss in Dankbarkeit wurzeln und nicht in einer kaum verhüllten Ichbezogenheit, die alles nur noch schlimmer macht.

Hat nicht schon der unvermeidliche Zweifel angeklopft und gefragt: Bin ich wirklich für alles dankbar? Nicht nur für das, was gut gelaufen ist oder was wir gewollt haben, sondern für alles? Tief innen spüren wir, dass wir das sein sollten, doch wir sind es nicht immer. Als Kinder haben viele von uns gebetet: »Dein Wille geschehe!« Nicht *mein* Wille. Doch wer kann das schon in jeder Situation sagen?

Wie steht es nun mit Zhaozhous »Mu«, seinem »Nichts«? Was wird da zurückgewiesen? Was hindert uns daran, für alles dankbar zu sein? Nur wenn wir spüren, dass wir *getrennt von allem Getrenntsein* sind, können wir dieses wunderbare »Mu« verstehen, besser noch tatsächlich *sein*, und Dankbarkeit für alles empfinden.

Direktes Erkennen

Viele geben sich damit zufrieden, einen flüchtigen Blick zu erhaschen und ihr restliches Leben davon zu zehren. Sie hören oder spielen ab und zu ihr liebstes Musikstück, machen ihren wöchentlichen Waldspaziergang und beobachten den Sonnenuntergang, besuchen gute Freundinnen und Freunde oder gehen in die Kirche. Vielen reicht es, gelegentlich durchs Fenster zu spähen und daran erinnert zu werden, dass Gott da ist, vielleicht sogar mitten unter uns. Solchen Menschen kommt es womöglich absurd vor, sich regelmäßig einer spirituellen Praxis zu widmen. Wozu stundenlang mit verknoteten Beinen in Zazen sitzen oder sich mit einem Koan herumärgern? Warum muss ich mein Leben, mein ganzes Dasein, Gott widmen? Wenn wir solche Fragen aus der Perspektive einer tiefen spirituellen Erfahrung betrachten, ist die Antwort klar. Wobei zu bedenken ist, dass solche Erfahrungen nicht »besser« sind als irgendetwas anderes, weil es letztlich kein »besser« oder »schlechter« gibt.

Ist eine tiefe spirituelle Erfahrung wirklich so anders als die Erfahrungen, die wir machen, wenn wir uns in einem Sonnenuntergang oder einem Musikstück verlieren? Ein wichtiger Unterschied existiert tatsächlich: Statt uns zufriedenzustellen und unsere Fragen und Zweifel fürs Erste zu lösen, hinterlässt eine tiefe spirituelle Erfahrung einen noch größeren Zweifel. Wir fragen uns: Woher kommt das? Was ist sein Ursprung? Und wir wollen mehr davon.

»Selig sind, die da hungert und dürstet nach der Gerechtigkeit, denn sie sollen satt werden«, heißt es im Matthäusevangelium (Kap. 5, Vers 6). Was bedeutet das? Wodurch wird alles gerecht? Wir erahnen es wie alle Menschen, aber aus irgendeinem Grund hungern und dürsten wir nach dem Ursprung all dessen.

Wer davon berührt wird, kommt vielleicht auf die Idee, in ein Kloster einzutreten, um ein kontemplatives Leben zu führen. Vielleicht taucht in ihm spontan ein Koan auf, das er einfach lösen muss. Wenn er dann tatsächlich beschließt, auf der Suche nach dieser Wahrheit der Welt zu entsagen, kann das denen, die zurückbleiben, wie eine Ohrfeige vorkommen. Sie fühlen sich zurückgewiesen.

Aber wenn es sich um eine aufrichtige Suche handelt, geht es nicht darum, die Welt und die Menschen, die ihrem Alltag nachgehen, abzulehnen. Es ist das unbedingte, zwingende Bedürfnis, zum Ursprung zurückzukehren und aus ihm heraus zu leben.

Oft jedoch ist der Wunsch, der Welt zu entsagen, nicht aufrichtig. Viele fliehen vor der Welt oder vor sich selbst. Deshalb ist es nicht ganz so einfach, einem christlichen Orden beizutreten. Auch ein Mönch, der am Eingang eines Rinzai-Klosters um Einlass bittet, kann nicht einfach hineinspazieren. Er muss bis zu einer Woche lang um Einlass bitten. Spirituelle Praxis erfordert sehr viel Hingabe, denn nichts vereinnahmt uns mehr. Wenn wir das begreifen, wird auch der wahre Zweck eines Koans klar.

Zhaozhous »Mu« fordert uns heraus, direkt zu erkennen, wer wir selbst sind und woraus alles besteht. Woraus bestehen wir wirklich? Wer bin »ich«, bevor irgendeine Unterscheidung eintritt, genau hier und jetzt, bevor ein Gedanke auftaucht? Ist da Miss-Behagen oder nicht? Wenn ja, woher kommt es, was ist sein Ursprung? Durch echte zen-buddhistische Praxis wird die Antwort glasklar. Denken wir nur an den Anfang der Zen-Tradition, an Bodhidharmas »Zeig mir dieses Selbst, das keinen Frieden findet – und es wird in Frieden sein!«.

Das Unerreichbare erreichen

Es war bereits die Rede von Erfahrungen im Alltag, die als ekstatisch gelten können – wenn man sich in Musik oder einem Sonnenuntergang verliert und findet. Doch es gibt auch Erfahrungen ganz anderer Art. Am anderen Ende des Spektrums taucht etwas auf, was man die »kranke Seele« nennen könnte. Sie ist unseren ekstatischen Erfahrungen gar nicht so unähnlich, aber es gibt einen wichtigen Unterschied: Anstatt mit allem verbunden zu sein, erlebt die »kranke Seele« die gewaltige Kluft zwischen sich selbst und dem grenzenlosen anderen, das man zum Beispiel Gott nennen könnte. Anstatt sich eins zu fühlen, erlebt sich die »kranke Seele« als unendlich abgetrennt, entfremdet, wertlos, als ein schieres Nichts, voller Sünde und Schuld. Das müssen wir nicht bewerten, es geschieht einfach.

Wichtig ist, dass es sich auch dabei um eine spirituelle Erfahrung handelt. Sie mag »negativ« sein, aber wertvoll ist sie doch, wie Johannes vom Kreuz und viele andere deutlich gemacht haben.

In solchen Momenten merken wir, dass das Selbst sich nicht am eigenen Schopf aus dem Sumpf ziehen kann, aber wir wissen nicht, was wir sonst tun sollen. Letztendlich ist das, wonach wir streben, *unerreichbar*, wie jener Schüler Bodhidharmas erkannte. Denken wir noch einmal an diese Begegnung: Wie steht es mit der Befreiung? Oder wie Bodidharma sagt: »Zeig mir dieses Selbst, das keinen Frieden findet!«

In einem Satz gesagt, müssen wir das wunderbar Unerreichbare kosten – oder, besser noch, *sein*. Es gibt absolut nichts zu erreichen, und genau *das* muss unbedingt erreicht werden. Das ist eine Möglichkeit, einen Eingang in die spirituelle Praxis zu finden.

Ein fundamentaler Zweifel

Im Zen spricht man von einem existenziellen, fundamentalen Zweifel, von einer Frage, einem Problem, das gelöst werden muss, vom Selbst aber nicht gelöst werden kann. Es ist also ein Koan. Nishida Kitarō, der Begründer der modernen japanischen Philosophie, der selbst als Laie Zen praktizierte, schreibt: »Wenn wir auch nur einen Augenblick innehalten und ernsthaft über die Welt, in der wir leben, nachdenken, oder ernsthaft versuchen, unser Leben zu leben, gelangen wir zwangsläufig zu einem solchen Zweifel.«

Vielen kommt dieser fundamentale Zweifel jedoch nicht. Das ist in Ordnung, denn er lässt sich nicht erzwingen. Der japanische Zen-Meister Bankei sagt: »Heute meint man, man müsse Zweifel hegen, weil Menschen in der Vergangenheit es taten. Also züchten sie einen Zweifel heran. Aber das ist nur eine Nachahmung, kein echter Zweifel, und so kommt nie der Tag, da sie zu einer echten Lösung gelangen.«

Aber was ist mit denen, die tatsächlich zu diesem fundamentalen Zweifel gelangen und sich einfach nicht damit zufriedengeben wollen, nur durchs Fenster zu schauen? Sie spüren das Bedürfnis, durch die Tür zu treten, die Barriere zu durchbrechen, die wir selbst sind. Lew Tolstoi schreibt in einem autobiografischen Text, der den Titel *Meine Beichte* trägt: »Meine Frage – die Frage, die mich im fünfzigsten Lebensjahr auf Selbstmordgedanken brachte, war die allereinfachste Frage, die in der Seele eines jeden Menschen ruht, vom dümmsten Kind bis zum weisesten Greis, die Frage, ohne die das Leben unmöglich ist, wie ich es tatsächlich an mir selbst erfuhr. Die Frage besteht in Folgendem: ›Was wird das Ergebnis sein von dem, was ich heute tue, was ich morgen tun werde – was wird das Ergebnis meines ganzen Lebens sein?‹«

Von außen betrachtet wirken solche Fragen abstrakt. Aber wenn der Zweifel im eigenen Innern brennt, sieht es ganz anders aus, das weiß ich aus eigener Erfahrung. Dann ist es ganz einfach und unausweichlich.

Normalerweise übergehen wir diese Fragen freilich oft. Weil sie uns so abstrakt vorkommen? Oder weil sie so verdammt nahe liegen, dass wir sie nicht sehen können? Vielleicht haben wir sie nur noch nie aus der Nähe betrachtet, haben nicht in sie hineingeblickt, sie nicht *durchblickt*. Sind sie uns fern, oder hält das Selbst sie auf Distanz? Wir brauchen keine heiligen Schriften, keine Koan-Sammlung und keinen Zen-Meister, um auf sie zu stoßen. Wir müssen nur ehrlich in uns hineinschauen.

Viele Menschen zerstören ihr Leben durch Alkohol, Drogen und Gewalt, oder sie beenden ihr Leben mit eigener Hand, weil sie nicht über das Selbst hinausblicken und keinen Weg hindurch finden können. Das ist die große Tragödie der heutigen säkularen Welt. Und das hat absolut nichts Abstraktes an sich.

Die torlose Schranke

Wer wirklich zweifelt, ist getrieben. Abschweifende Gedanken, Gefühle oder reine Willenskraft haben da nichts mehr verloren. Das zweifelnde Selbst, das den Weg bis zum Ende geht, bricht schließlich zusammen. Was geschieht dabei? Die Tür, an die es verzweifelt gehämmert hat, rührt sich nicht. Wenn das Selbst schließlich erschöpft zusammenbricht, öffnet sich die Tür von ganz allein, weil sie nie verschlossen war. Das ist eine echte Erfahrung von Gnade. Theistisch ausgedrückt, erleben wir, dass Gott immer schon da war und uns mit offenen Armen empfängt. Unser Selbst – nicht Gott – hat die Bedingungen geschaffen und die Tür verrammelt.

Im Zen spricht man allerdings nicht von Gnade, sondern zum Beispiel von der »torlosen Schranke«. Das ist der Titel einer klassischen Koan-Sammlung, dem *Wumenguan* (jap. *Mumon-kan*). Als sie vor fast achthundert Jahren entstand, gab es in China gute Gründe, eine große Mauer zu errichten, um Angreifer abzuwehren und das Volk unter Kontrolle zu halten.

Die reale Mauer besaß natürlich Tore, damit man sie passieren konnte. Zen ist jedoch eine *torlose* Schranke. Weshalb? Weil es vom Selbst als etwas Äußerliches gesehen wird, erhebt es sich als eine undurchdringliche Mauer, unverständlich und dunkel. Was aber geschieht, wenn wir selbst zu dieser Mauer werden, sie als unser Selbst verwirklichen, wie es in einer echten Zen-Meditation geschieht? Dann kann sie tatsächlich zur torlosen Schranke werden. Nicht, weil das Selbst nicht hinein- oder herausgelangen könnte, sondern weil sie jetzt von allen Seiten völlig offen ist.

In den Zweifel hinein

Von außen betrachtet, klingt das womöglich furchtbar kompliziert. Aber das ist es nicht. Der persische Dichter Hafis schreibt: »Deine Trennung von Gott ist die schwierigste Aufgabe auf dieser Welt!« Was könnte schwerer sein, als getrennt zu sein von dem, was wir wirklich sind? Es kostet viel Kraft, das Selbst *nicht* aufzugeben. Wenn ihr das erkennt, dann hört auf, ewig am Spielfeld zu stehen und selbst dann noch zuzuschauen, wenn es langweilig geworden ist. Hört auf, eure Zeit zu vergeuden, indem ihr imaginäre Schwierigkeiten, Mauern und Fenster erschafft. Egal, welcher spirituellen Tradition ihr folgt, gebt euch vollständig der wahren Aufgabe hin und führt sie bis zu ihrem Ende.

Dafür sind keine besonderen Umstände nötig. Wir haben ein Selbst, und das ist alles, was wir brauchen – in gewissem Sinne sogar mehr als genug. Es geht nicht darum, manchmal irgendwelche Probleme oder Zweifel zu haben und manchmal nicht. Das Selbst *hat* keinen Zweifel, kein Gefühl des Getrenntseins. Es *ist* der Zweifel, das Getrenntsein. Deshalb kann es nicht zur Ruhe kommen; deshalb kann es dem Miss-Behagen nicht entgehen. Wer wirklich mit einem Koan arbeitet, wer aufrichtig Zazen übt, höhlt diesen Zweifel aus. Sonst ist nichts nötig. Hört einfach auf, dem Zweifel in der Mitte eures Seins auszuweichen. Geht stattdessen ganz in ihn hinein. Dann löst er sich unweigerlich vollständig auf.

Vielleicht meint ihr, keinen solchen großen Zweifel zu verspüren. In diesem Fall behauptet ihr, wie man im Zen sagt, unschuldig zu sein, obwohl man euch auf frischer Tat ertappt habt. Was ihr getan habt, ist offensichtlich; ihr fügt euren Ketten nur ein weiteres Glied hinzu. Den Zweifel eines anderen braucht ihr nicht – geht einfach eurem eigenen auf den Grund.

Wohin führt die Erfahrung des Zen-Buddhismus? Zum Mitgefühl. Aber noch elementarer führt sie ins ganz normale Leben. Da ist kein religiöser Touch, kein Geruch von Erleuchtung.

Die Koan-Praxis dient dazu, die Suche zu verdichten, auszurichten, auf den Punkt zu bringen und zum Ende zu führen – bis hin zum Ursprung. Zuerst müssen wir eins mit unserem Koan werden. Dafür ist regelmäßiges Zazen die größte Hilfe, denn es erweckt unseren existenziellen Zweifel zum Leben.

Lebendige Koans stammen nicht aus Büchern. Sie sind der existenzielle, lebendige Zweifel in uns. Daher müsst ihr euer eigenes lebendiges Koan entdecken, statt ewig über die alten Fragen und Zweifel anderer nachzugrübeln. Legt den tiefsten Zweifel frei, der in euren Eingeweiden steckt, und beantwortet ihn dann durch euer Leben. Es ist nicht nötig, jemanden nachzuahmen. Geht einfach eurem Selbst auf den Grund. Euer eigenes lebendiges Koan kann der Weg dorthin sein.

In seinen *Briefen an einen jungen Dichter* rät Rainer Maria Rilke dem Empfänger, »Geduld zu haben gegen alles Ungelöste« in seinem Herzen und »zu versuchen, *die Fragen selbst* lieb zu haben«. »*Leben* Sie jetzt die Fragen«, heißt es weiter. »Vielleicht leben Sie dann allmählich, ohne es zu merken, eines fernen Tages in die Antwort hinein.«

8

DIE KOAN-PRAXIS IM RINZAI-ZEN

Die brennende Frage im Hier und Jetzt

Wie wird im Rinzai-Zen mit Koans gearbeitet? Die Frage lässt sich klären, wenn wir die Ursprünge des Koans betrachten. Woher kommt es? Was war das Koan von Buddha Gautama? Was war sein *Genjō-Koan*, das Koan, das damals in ihm am Werk war?

Die beiden chinesischen Schriftzeichen für das Wort Koan bezeichnen ursprünglich eine offizielle Urkunde; es handelt sich also um einen juristischen Fachbegriff. In unserem Kontext können wir jedoch von einer religiösen Problemstellung in Form einer äußersten Herausforderung sprechen. Was war Gautamas große existenzielle Frage? Was hat ihn dazu getrieben, sein Zuhause und alles andere zu verlassen, um sich schließlich unter den Bodhi-Baum zu setzen? Wie lautete das Genjō-Koan von Zen-Meister Linji? Oder das Koan von Dōgen, das ihn nach China geführt hat? Und wie steht es mit anderen japanischen Zen-Meistern – etwa Bankei und Hakuin? Was war ihr Genjō-Koan, was hat sie angetrieben?

Wir brauchen hier nicht ins Detail zu gehen; beschränken wir uns darauf, ein Gefühl dafür zu bekommen, was ein Koan wirklich ist. Hat man das begriffen, so versteht man, warum und wie es sich allmählich zu seiner heutigen Form entwickelt hat und welche Schwierigkeiten damit verbunden sind. Wenn wir nicht begreifen, was ein Koan für uns hier und jetzt bedeutet, ist es kaum verwunderlich, dass die vorhandenen Koan-Systeme uns absurd vorkommen.

Die Anfänge

Beginnen wir mit einem Beispiel aus dem *Pali-Kanon,* das wir bereits im siebten Kapitel kennengelernt haben. Es ist die Geschichte eines jungen, wohlhabenden Mannes namens Yasa, der mit der anderen Seite des Lebens konfrontiert wird, einen Einblick in die Erste Edle Wahrheit des Buddhismus bekommt und sieht, dass jede bedingte Existenz dem »Leiden« unterworfen ist, wie es häufig übersetzt wird. Ich sage lieber Miss-Behagen. Es bedeutet, dass das Selbst nicht vollständig zur Ruhe kommen kann, egal, ob man Bettler oder König ist.

Entschlossen, niemals zurückzukehren, verlässt Yasa sein Anwesen und begegnet Buddha Gautama, der gerade meditiert. Als er ihm sein Dilemma vorträgt, entgegnet Gautama: »Hier ist kein Elend, hier ist kein Leid«, worauf Yasa sich vom Buddha unterweisen lässt und alsbald – noch als Laie – erwacht.

Der kurze erste Austausch zwischen Yasa und Gautama bringt auf den Punkt, worauf der Buddhismus, die Zen-Praxis und das Genjō-Koan abzielen. Wo ist Yasa, wenn er über das Elend klagt? Und wo ist Gautama, als er seine Antwort gibt? Sich das an dem Ort klarzumachen, an dem man gerade steht, ist das, worum es beim echten Zazen geht.

Das folgende traditionelle Koan, das bereits im siebten Kapitel vorgestellt wurde, ist von besonderer Bedeutung, weil es am Anfang der Zen-Tradition steht, noch vor der Unterscheidung in Rinzai- und Soto-Zen. Ein Mönch kommt zu Bodhidharma, dem Begründer des chinesischen Zen, und sagt flehentlich: »Ich finde keinen Frieden; bitte, Meister, gib mir Frieden!«

Bodhidharma sitzt gerade Zazen, schlägt dem Mönch jedoch nicht vor, dasselbe zu tun. Er fragt ihn auch nicht, wie es um sein Zazen steht oder ob er schon Kensho erfahren hat, wie es in manchen Kreisen heute üblich ist. Er fordert den Mönch auch nicht auf, sich ordentlich anzustrengen, um den Durchbruch zu erreichen. Stattdessen sagt er: »Zeig mir das Selbst, das nicht im Frieden ist, dann wird es Frieden finden!« Damit beginnt die chinesische Zen-Tradition.

Die Überlieferung geht nicht ins Detail, aber der Mönch muss die Herausforderung Bodhidharmas angenommen und sich intensiv gefragt haben: Wer bin ich? Wo genau ist dieses Selbst, der Ursprung meines Miss-Behagens? Ist es in mir selbst? Ist es außen? Oder irgendwo dazwischen? Schließlich begreift er, kehrt zu Bodhidharma zurück und sagt: »Ich habe gründlich danach gesucht, aber letztlich ist es nicht erreichbar.« Worauf Bodhidharma selbstverständlich erwidert: »Jetzt ist es wirklich in Frieden!« Später wird der Mönch der zweite Patriarch des chinesischen Zen.

Ein weiterer chinesischer Meister aus der frühen Zeit des Zen ist Shitou (jap. Sekitō), der eine besondere Bedeutung für den Soto-Zen hat. Er erklärt, der Geist an sich sei Buddha. Damals war diese Aussage neu und noch nicht zu einem Schlagwort verkommen. Meist wird sie so übersetzt: »Der Geist selbst ist Buddha.« Aber was meint Shitou wirklich? Hier wird dasselbe chinesische Schriftzeichen mit der Bedeutung »Geist« oder »Selbst« verwendet wie in dem erwähnten Dialog mit Bodhidharma. Shitou behauptet, jener Geist, den wir als Selbst bezeichnen, sei in Wirklichkeit Buddha, also erwachter Geist. Das heißt, wir werden aufgefordert zu erkennen: »Ich bin bereits erwacht!« Man kann sich leicht vorstellen, welch großen Zweifel die Mönche hegten, zu denen Shitou sprach.

Mu

Das wohl berühmteste Koan ist das »Mu« von Meister Zhaozhou (jap. Jōshū) »Mu«. Ein Mönch fragt, ob ein Hund Buddha-Natur hat oder nicht. Anders gesagt: Ist er erwacht und frei von allem Miss-Behagen? Das war damals eine gute Frage, denn sie bezog sich auf das konkrete Umfeld und nicht auf irgendwelche Abstraktionen.

Der Mönch stellt keine theoretischen Überlegungen zum Wesen der Tiere an. Genau wie wir es tun müssen, erforscht er die Frage: Was ist mein wahres Wesen? Habe ich wirklich diese reine, unvergleichliche, erwachte Natur? Das kommt mir nämlich wirklich nicht so vor!

Wie Kommentare verdeutlichen, kennen der Mönch und natürlich auch der Meister die formal richtige Antwort auf diese Frage: »Ja.« In den Mahayana-Sutren heißt es eindeutig, dass alle Wesen Buddha-Natur haben oder, wie Dōgen sagt, Buddha-Natur *sind*.

In dieser Situation antwortete Zhaozhou jedoch: »Mu.« Das heißt so viel wie »Nichts da!« oder »Nein!«. Was will er damit sagen?

Eine Geschichte über Linji (jap. Rinzai), den Stammvater der nach ihm benannten Zen-Schule, verdeutlicht, was geschieht, wenn ein Genjō-Koan lebendig und schließlich durchbrochen wird. Der Mönch Linji ist so tief in Samadhi, dem konzentrierten Eins-Sein, versunken, dass er nicht einmal eine Frage formulieren kann. Deshalb sucht er nie seinen Meister Huangbo (jap. Ōbaku, gest. 850) auf. Als der Mönchsälteste das bemerkt, fragte er Linji, wie lange er schon im Kloster ist. Drei Jahre, antwortete Linji. »Warst du schon beim Meister?« – »Nicht ein einziges Mal.« – »Warum nicht?« – »Ich weiß nicht einmal, was ich fragen soll.« Da schlägt der Mönchsälteste vor, nach dem Kern des Buddha-Dharma zu fragen – eine Standardfrage ähnlich wie: Was ist die letzte Wahrheit? Was ist Zen? Wer ist Buddha?

Gehorsam tut Linji, was ihm aufgetragen worden ist, doch noch bevor er die Frage ganz stellen kann, versetzt Meister Huangbo ihm einen Schlag mit seinem Stock. Linji versucht es immer wieder, und jedes Mal schlägt ihn der Meister, bevor er zu Ende gesprochen hat. Warum? Am Ende verzweifelt Linji und glaubt, es gäbe da wohl ein karmisches Hindernis. Später sucht er einen anderen Meister namens Dayu (jap. Daigu) auf und berichtet, er habe Huangbo mehrmals nach dem Buddha-Dharma gefragt, sei aber jedes Mal nur geschlagen worden. Er schließt: »Ich weiß nicht, wo mein Fehler liegt.« Darauf antwortet Dayu: »Hör mal, da war Huangbo derart freundlich zu dir, und du hast den Nerv, hierherzukommen und zu fragen, wo dein Fehler liegt!« Da erlebt Linji seinen Durchbruch. Linjis Ausruf wird meist auf folgende Weise übersetzt: »Ach, an Huangbos Buddha-Dharma ist nicht viel dran!« Oder auch: »Ist das alles, was es mit Huangbos Buddha-Dharma auf sich hat?« Linji hat verzweifelt nach dem unvergleichlichen, großartigen Dharma seines Meisters gesucht, und was findet er schließlich? »Ach, da ist ja gar nichts dran!« Zu dieser Tatsache ist er erwacht.

Woraufhin Dayu ruft: »Hör mal, du kleiner Teufelsbraten! Gerade bist du hier angekommen und hast gesagt, du wüsstest nicht, welche Frage du stellen sollst. Und jetzt sagst du, dass da gar nichts dran ist. Was genau hast du erkannt? Sag's! Spuck es aus!« Ohne zu zögern, gibt Linji ihm ein paar deftige Rippenstöße. Linji ist nicht mehr derjenige, der er noch vor einem Augenblick gewesen ist. Schließlich schickt Dayu ihn mit folgenden Worten weg: »Das ist eine Sache zwischen Huangbo und dir. Ich habe nichts damit zu tun.«

»Da ist nichts dran!« Das ist das Erwachen von Linji, dem Stammvater des Rinzai-Zen.

Eine ureigene Frage

Eines ist klar: Soll ein Koan echt sein, muss es unsere eigene, brennende Frage, unser eigenes unmittelbares Problem sein. Es ist die Frage, die hier und jetzt gestellt werden muss und nach Antwort schreit. Das verstehe ich unter einem echten Genjō-Koan. Wenn wir uns ganz in die Praxis stürzen, können wir dieser Frage schließlich nicht mehr ausweichen. Darum ist es so wichtig, das Koan ständig in sich zu tragen, ob beim Sitzen, Arbeiten oder Ausruhen. Wenn die Übung weiter reift, können wir ihm gar nicht mehr entrinnen – es ist da, ob wir wollen oder nicht, ob wir darüber nachdenken oder nicht. Richtig angewandt, enthält das Koan schließlich alles. Es ist nicht mehr nur *unser* Problem.

Von außen betrachtet wirken Koans manchmal abstrakt und skurril, doch von innen heraus gesehen gibt es nichts, was unmittelbarer, direkter und konkreter wäre. Ein Koan ist kein intellektuelles Problem, obwohl es häufig fälschlich so dargestellt wird. Nicht nur der Intellekt, sondern auch die Gefühle und der Wille sind durch das Selbst beeinträchtigt. Ein Koan ist kein Problem eines Teils unseres Selbst. Wie Gautama, Dōgen und andere klargemacht haben, ist es das Problem des gesamten Komplexes aus Körper und Geist, das heißt des Selbst in seiner Gesamtheit.

Koan-Zen hat den Ruf, streng und kompromisslos zu sein. Wenn wir uns jedoch der Praxis vollkommen hingeben, kommen wir zwangsläufig da an, wo sie hinführt. Das ist letztlich nicht nur »unerreichbar«, sondern auch unausweichlich. Es ist nur eine Frage unserer Aufrichtigkeit und Hingabe.

Was geschieht in der echten Koan-Praxis wirklich? Wenn sich das Selbst in dieser Suche, diesem Kampf erschöpft, erstarrt es vollkommen. Es kann nicht mehr in die Sinneswahrnehmungen – Sehen, Hören, Schmecken, Tasten, Denken und Fühlen – eintauchen und darin versinken. Alles schon einmal da gewesen. Die Geschäftigkeit des Selbst gibt sich schlicht als Begleiterscheinung des Miss-Behagens zu erkennen.

Ein echter Zen-Meister ist eine undurchdringliche Wand, die alles abblockt, was nach Selbst riecht, ob Intellekt, Gefühl oder Wille. In gewissem Sinne ist das Gespräch mit dem Meister eine künstlich herbeigeführte Situation, die sich in früheren Zeiten von selbst ergeben hat. Sie zwingt dich, klar zu erkennen, dass du nirgendwo hingehen kannst. Irgendwann erstarrt das Selbst, dieses Konglomerat aus Körper und Geist, in seiner Gesamtheit. Man kann zwar immer noch gehen, sprechen und den alltäglichen Pflichten nachgehen, aber es strömt nichts mehr nach außen, wie es im Buddhismus heißt.

Wie lässt sich das beschreiben? Alles hat sich zu einer Einheit verdichtet. Es gibt kein Innen und Außen mehr. Wenn sich *das* auflöst, wird die Praxis zu einer echten Verwirklichung, wie Dōgen gerne sagt. Man denke an Linji: »Da ist nichts dran!« Und an den chinesischen Mönch, der zum zweiten Patriarchen wurde: »Ich habe gründlich danach gesucht, aber letztlich ist es nicht erreichbar.«

Das Unerreichbare erreichen

Im Rinzai-Zen wird die Notwendigkeit betont, das Unerreichbare zu erreichen, ohne Kompromisse, ein für alle Mal. Das ist keine Frage des Willens oder der Entschlossenheit; es geht um etwas viel Tieferes. Sonst taucht man immer wieder in irgendwelche Geisteszustände ein, um sie wieder zu verlassen – ein offensichtliches Symptom des Miss-Behagens.

Was geschieht, wenn das Koan verwirklicht wird? Wir

erreichen eigentlich nichts. Es gibt nichts zu erreichen. Wir gewinnen nichts. Ganz im Gegenteil, wir verlieren etwas: *die Trennung*, das Empfinden des Getrenntseins von der Welt, von den anderen und von dem, was wir wirklich sind. Das ist alles. Wir trennen uns von der Trennung. Oder besser: Die Trennung fällt von selbst ab. Dann wissen wir zum ersten Mal, wer wir wirklich sind.

Das Ego-Selbst denkt irrtümlicherweise, weil es sich in die Dualität verstrickt habe, könne es sie irgendwie wieder loswerden, um dann vom Miss-Behagen frei zu sein. Das ist Unsinn. Wenn wir das alles durchschauen, ist es offensichtlich: Das Selbst hat sich diesen Dualismus, diese Getrenntheit nicht zu eigen gemacht, das Selbst ist die Trennung. Was Dōgen und andere »Körper-Geist« nennen, ist dieses Selbst, dieses Getrenntsein. Was bedeutet dann Dōgens Aussage »Körper-Geist ist abgefallen«?

Weil das Selbst die Illusion des Getrenntseins ist, kann es das, was im Zen der »große Zweifel« genannt wird, nicht hervorbringen, sondern nur sein. Am Ende wird das Selbst zu diesem großen Zweifel. Wenn es vollkommen von diesem Zweifel verzehrt wird, kann es nicht anders, als sich aufzulösen. Und wenn sich das Selbst auflöst, kann es keinen Zweifel mehr geben.

Freilich werden dadurch nicht alle spezifischen Probleme des Individuums gelöst, und es macht uns auch nicht vollkommen. Da müssen wir gut achtgeben.

Das erste Koan dient dazu, an den genannten Punkt zu kommen, ohne Kompromisse einzugehen. Warum werden dann überhaupt weitere Koans verwendet? In gewisser Hinsicht sind sie zweitrangig, nicht notwendig. Die anderen Koans der heute vorhandenen Systeme sind dazu da, um sicherzustellen, dass sich die Verwirklichung in allen Aspekten des Lebens ausdrückt. Ist aber das erste Koan nicht ganz klar verwirklicht worden, dann führt das dazu, dass wir gleichsam auf den Wellen reiten. Wir lernen, ein Koan zu »beantworten« oder zu »bestehen« wie bei einer Prüfung, ohne unserem Selbst ein für alle Mal auf den Grund zu gehen. Diese Gefahr besteht, wenn Koans nicht richtig angewandt werden. Es ist ein weit verbreitetes Problem in westlichen Zen-Zentren, aber es tritt auch in Japan und anderswo auf.

Einerseits kann im Grunde fast alles zu einem Koan werden, andererseits wird ein traditionelles Koan nicht lebendig, solange es nicht zu unserem eigenen, drängenden Problem geworden ist. Es war schon die Rede davon, wie ein ureigenes Koan auf natürliche Weise entsteht und sich verselbstständigt. Letztendlich sind die formellen Koans in der Vergangenheit entstanden, weil keiner mehr mit seinem eigenen lebendigen Problem ankam wie etwa der zweite Patriarch, der sagte: »Ich bin nicht in Frieden – Meister, bitte gib mir Frieden!« Ihm musste man nicht viel erklären, doch als der chinesische Chan-Buddhismus zur Staatsreligion wurde, begannen die unterschiedlichsten Leute, aus allen möglichen Gründen diese Religion zu praktizieren. Nur selten hatten sie eine derart brennende Frage.

Wie haben die Zen-Meister reagiert? Sie hätten diese Leute einfach rauswerfen können, und manchmal taten sie das auch. Doch in der Rinzai-Überlieferung heißt es normalerweise, wenn jemand ohne echtes Problem und ohne echten Zweifel ins Kloster gekommen sei, habe ihm der Meister in seiner »großmütterlichen Güte« ein traditionelles Koan gegeben, um ihm zu helfen, die inneren Tiefen zu erforschen. Dadurch konnte ein Meister seine Schüler anleiten, wie Zhaozhou es tat, der auf die Frage, ob ein Hund Buddha-Natur habe oder nicht, »Mu!« antwortete. Jetzt sei dieses Mu!

Das Koan zum Leben erwecken

Zazen, die Meditation im Sitzen, spielt dabei eine große Rolle. Im *Rōhatsu,* dem intensivsten einwöchigen Retreat des Jahres, sitzt man in den japanischen Rinzai-Klöstern ungefähr achtzehn Stunden pro Tag, eine Woche lang, ohne sich hinzulegen. Dieses Retreat wird meist in der ersten Dezemberwoche abgehalten, in Erinnerung daran, wie Buddha Gautama unter dem Bodhi-Baum saß und erwachte. Zazen hat eine große Bedeutung im Rinzai-Zen.

Es geht darum, mit dem Koan zu sitzen, zum Koan zu werden. Wenn es ein Koan ist, das wir von jemandem erhalten haben, müssen wir uns erst darin festbeißen und eins mit ihm werden. Erwecke Jōshūs »Mu« zum Leben! Mach es dir zu eigen!

An diesem Punkt kann es sehr nützlich sein, dem Meister im *Dokusan* zu begegnen. Hier liegt ein wichtiger Unterschied zum Soto-Zen. Im Rinzai findet bei diesem formalen Treffen keine Diskussion mit dem Meister statt. Es gibt nur das Koan. Der Meister dient als eine Art große Mauer, als undurchdringliche Schranke, doch zugleich ist er ganz offen, fast schon erwartungsvoll. Allerdings wird er nichts anderes als vollkommene Selbst-Losigkeit akzeptieren. Aus großem Mitgefühl heraus bleibt er eine Mauer, die das Selbst unmöglich überwinden kann, eine torlose Schranke.

Weshalb? Damit das Koan durch dich hindurch brennen und dich erschöpfen kann. Das geschieht bei echtem Zazen. Die gern geäußerte Kritik, man sitze im Rinzai-Zen da und denke über ein Koan nach, trifft den Kern nicht. Denn eines muss klar sein: Wenn du über ein Koan nachdenkst, ist das keine Rinzai-Praxis. Über ein Koan nachzudenken, ihm nachzuspüren und Einsichten zu entwickeln, hat nichts damit zu tun und wird von jedem Meister, der etwas taugt, zurückgewiesen.

Es ist notwendig, das Koan tatsächlich zu *sein*. Am Anfang fällt es jedoch schwer, eins damit zu sein. Du bist immer noch davon getrennt, aber wenn du ohne Unterbrechung weitermachst, fällt die Trennung schließlich weg. Es kann keine Trennung geben. Dann beginnt das Koan, lebendig zu werden. So seltsam es klingen mag: Dann ist es so, dass beim Essen das Koan isst, und wenn du dich schlafen legst, sich das Koan hinlegt.

Dieser Zustand des Nicht-Getrenntseins ist allerdings noch kein Erwachen. Man kann sagen, dass die Praxis an diesem Punkt mühelos geworden ist, aber sie ist noch lange nicht vollständig. Deshalb ist der Meister auch jetzt noch eine unbewegliche Mauer. Warum? Damit auch dieses Eins-Sein wegfallen kann.

Obwohl ich hervorgehoben habe, wie wichtig Zazen ist, muss man sich klarmachen, dass noch niemand nur durchs Sitzen erwacht ist. Weshalb? Dōgen ist erwacht, als der Meister lautstark auf einen in der Nähe sitzenden Mönch schimpfte und ihn schlug, weil er eingeschlafen war. Der Zen-Überlieferung zufolge ist selbst Gautama erwacht, als er zum Morgenstern aufblickte. Es muss also ein konkretes Ereignis geben, in dem sich das Nicht-Selbst erkennt. Dann ist die Praxis wahrhaft Verwirklichung und Bestätigung, wie unsere Tradition es ausdrückt.

Im Kloster hat nicht nur der Meister ein Auge auf den Übenden, auch die erfahreneren Mönche beobachten ihn, damit er nicht einen Augenblick den Fokus verliert. Im heutigen Rinzai-Zen kann sich das manchmal zu einem Macho-Gehabe entwickeln, bei dem unter Umständen die eigentliche Intention verfehlt wird. Im Grunde geht es jedoch darum, dem Anfänger zu helfen, ständig mit dem Koan verbunden zu bleiben und es nicht einen Moment lang zu verlieren. Dann wird es schließlich konstant, zu einem beständigen Samadhi, in dem alles eins geworden ist. Dann kann alles wegfallen.

Findet die Praxis nicht so statt, ergibt sich dabei eine gewisse Fokussierung und Verfestigung, die jedoch wieder dahinschmilzt. Anschließend baut sie sich wieder auf, um erneut zu schmelzen. Das ist keine sinnvolle Praxis, sondern nutzlose, unentschlossene geistige Selbstbefriedigung, die kein Ende nimmt.

Selbst-loses Gewahrsein

Gelegentlich taucht bei der Praxis die Frage auf, ob es eine Form der Wahrnehmung geben kann, bei der keine Unterscheidungen getroffen werden. Das ist ein zentraler Punkt, denn solange wir unterscheiden, stecken wir noch fest. Natürlich besteht die Lösung nicht darin, schlicht unbewusst zu sein. Wer erwacht ist, läuft schließlich nicht gegen die nächste Wand.

Wie nimmt man im erwachten Zustand etwas wahr und was? Eine Wahrnehmung findet jedenfalls statt, wenn auch nicht so, wie das gewöhnliche Bewusstsein des Selbst es tut. Voraus geht dem eine Auflösung des Getrenntseins – nicht, dass da keine Wahrnehmung mehr wäre, aber doch keine Trennung mehr.

Was bedeutet der Begriff *Buddha*? Einer, der erwacht ist (nicht *der* Erwachte, weil wir alle Buddhas sind). Wovon erwacht? Das ist eine Metapher. Erwacht aus dem Traum oder Albtraum des Samsara, das unseren Alltag, unsere reflektierende selbst-bewusste Existenz in ihrer Gesamtheit einschließt, unser Denken, Fühlen und Wollen. Das ist eine gute Metapher, weil aufzuwachen nicht bedeutet, ein anderer zu werden; schließlich höre ich nicht auf, ich zu sein, um stattdessen zum Buddha zu werden. Auch die Wahrnehmung hört nicht einfach auf.

Im Gegenteil: Wir erwachen zu dem, was wir wirklich sind und schon immer waren. Diesen Prozess können wir jedoch nicht reflektieren, denn er ist nicht nur willentlich unerreichbar, sondern auch unreflektierbar. Genau vor dieses Rätsel stellt uns jedes Koan. Kein Koan ist reflektierbar, denn durch Nachdenken und Selbst-Bewusstheit kann es nicht begriffen, geschweige denn gelöst werden.

Im Rinzai-Zen mit einem Koan zu ringen bedeutet nicht, das Bewusstsein an sich loszuwerden. Es geht vielmehr darum, Samadhi und damit einen unverfälschten, makellosen Fokus zu verwirklichen, in dem keine Trennung, keine Unterscheidung existiert zwischen dem, der bewusst ist, und dem, dessen er sich bewusst ist. Erstaunlicherweise bedeutet das nicht, dass alles miteinander verschmilzt. Nein, die ganze Schönheit und Würde von jedem einzelnen Ding beginnt in diesem selbst-losen Gewahrsein erst wirklich klar zu werden.

9

DER URSPRUNG DES ZEN: WER ÜBERTRÄGT WAS?

Übertragungslinien im Zen-Buddhismus

Für die Übertragung im Zen-Buddhismus wird in Japan oft der Ausdruck *ishin denshin* verwendet. Wörtlich übersetzt bedeutet das »den Geist verwenden, um Geist zu übertragen« oder »Geist mit dem Geist übertragen«. Das Schriftzeichen für *shin* oder *kokoro* (»Geist« oder »Herz«) kommt hier zweimal vor. Was bedeutet es? Und was wird übertragen? In meiner Erklärung, die zugleich eine tiefgreifende Dekonstruktion ist, werde ich eine Reihe von Namen und Begriffen einführen. Hat man aber diesen einen Begriff durchschaut, ergibt sich alles andere von selbst.

Was hat es mit dieser Übertragung von Geist durch Geist auf sich? Isshū Miura, ein Rinzai-Meister des zwanzigsten Jahrhunderts, erklärt das im Kontext von *Kensho* (Erwachen) auf herkömmliche Weise so:

> Die Erfahrung des Kensho wurde von Buddha Shakyamuni über nachfolgende Generationen von Patriarchen anhand der Übertragung von Geist durch Geist direkt an unsere Zeitgenossen weitergegeben. Solange die unmittelbare Erfahrung des

> Kensho auf diese Weise von Generation zu Generation übertragen wird, wird Zen nicht verschwinden, unabhängig davon, ob große Tempel oder religiöse Einrichtungen existieren oder nicht.

Hier sehen wir, wie wichtig die Übertragung von Generation zu Generation im Zen ist. Für diese Geist-zu-Geist-Übertragung findet sich in Miuras Buch die folgende Standardinterpretation:

> Der Ausdruck beschreibt den Dreh- und Angelpunkt der Lehrmethode des Zen, die erfordert, dass der Lehrer einen Schüler und der Schüler einen Lehrer hat. In dem Moment, in dem der Geist des Schülers denselben Zustand des intuitiven Verstehens erreicht wie der des Meisters, verschmilzt Geist mit Geist. Das Verständnis des Schülers wird eins mit dem des Meisters. Traditionell ausgedrückt, »überträgt« der Meister seinen Geist an den Schüler. Diese Übertragung findet ohne Worte statt. Sie gilt im Zen als einzige Methode, mit der die absolute Wahrheit des Buddhismus korrekt von Generation zu Generation weitergereicht werden kann.

Das ist die Quintessenz der Geist-zu-Geist-Übertragung. Metaphorisch spricht man davon, »Wasser aus einem Kessel in einen anderen zu gießen, der genauso ist wie der erste«. Zugespitzt heißt es sogar: »Jemand aus unserer [Zen-]Schule, der in seinem Leben keinen einzigen Dharma-Nachfolger hervorbringt, wird mit Sicherheit nach seinem Tod zur Hölle fahren.«

Eine andere zentrale Aussage wird Baizhang (jap. Hyakujō, 720–814) zugeschrieben. Als er den Dharma an Huangbo (jap. Ōbaku, gestorben 850), den Lehrer von Linji (jap. Rinzai, gestorben 867), weitergab, sagte er: »Die Einsicht, die der des Meisters ebenbürtig ist, verringert den Wert des Meisters um die Hälfte. Nur die Einsicht, die diejenige des Meisters übertrifft, ist es wert, die Übertragung zu erhalten.« Einerseits muss der Schüler offenbar auf Augenhöhe des Meisters sein, ihn andererseits aber auch übertreffen. Wie steht es damit?

Wenn wir noch weiter zurückgehen, finden wir in einem Bodhidharma, dem ersten chinesischen Zen-Patriarchen, zugeschriebenen Werk folgende Äußerung: »Die drei Welten (Begierde, Form und Formlosigkeit) entstehen alle aus dem Einen Geist und kehren dorthin zurück. Von Buddha zu Buddha wird Geist durch Geist übertragen.« Wie man sieht, werden dieselben Begriffe verwendet, und dennoch kommt ein wenig Verwirrung auf. Scheinbar war klar, dass der Geist des Meisters auf den Geist des Schülers übertragen wird, doch der erste Patriarch Bodhidharma spricht im selben Atemzug von dem »Einen Geist«. Ist es dieser Eine Geist, der überträgt und übertragen wird?

Einige Generationen später, als der fünfte Patriarch sein Amt an den sechsten Patriarchen weitergab, sagte er dem *Plattform-Sutra* zufolge: »Dharma wird von Geist durch Geist übertragen. Zu diesem Dharma muss jeder selbst erwachen.« Sowohl die Übertragung als auch die eigene Erkenntnis sind also notwendig. Wer überträgt dann was?

Übertragungsurkunden und persönliche Besitztümer des Meisters wie Gewänder, Essschalen oder andere Gerätschaften wie Rücken- oder Armlehnen wurden manchmal als Symbole der Übertragung weitergegeben. Trotz gegenteiliger Behauptungen waren es im frühen Zen zudem Texte wie das *Lankavatara-Sutra* oder das *Diamant-Sutra,* die als Symbol der sogenannten Dharma-Übertragung weitergereicht wurden. Dazu später mehr.

Das Unübertragbare übertragen: Die tiefere Bedeutung der Übertragung und der Linienfolge

Wenn wir weiter nachforschen, stoßen wir auf die Ausdrücke »das Unübertragbare übertragen« und »die Übertragung dessen, was nicht übertragen werden kann«. So formulierten es Rinzai und andere herausragende Meister, wenn sie nach dem Wesen der Übertragung gefragt wurden. In vielen Fällen des *Biyan Lu* (jap. *Hekiganroku)*, einer der bekanntesten Koan-Sammlungen, finden wir Aussagen wie: Der »Dharma wird nicht durch Buddhas und Patriarchen übertragen [wörtlich: durch tausend Weise/Heilige]«. Aber sind das nicht genau diejenigen, denen die Übertragung zugeschrieben wird? Könnte es sein, dass die lebendige Wahrheit gar nicht übertragen werden kann, nicht einmal von Buddhas und Patriarchen?

Im dritten Fall des *Biyan Lu* liegt der berühmte chinesische Meister Mazu (jap. Baso, 709–788) im Sterben, als der noch nicht erwachte Klosterverwalter kommt, um sich nach dem Befinden seines Meisters zu erkundigen. Mazu antwortet freundlich: »Buddha mit dem Sonnengesicht, Buddha mit dem Mondgesicht«, was bedeutet: Einige Buddhas leben Tausende von Jahren, andere nur eine einzige Nacht. Im Kommentar dazu heißt es: »Der Dharma wird nicht von Buddhas und Patriarchen übertragen. Trotzdem plagen sich Schüler mit Formen wie Affen, die nach Spiegelbildern greifen.« Was für ein ebenso erstaunlicher wie passender Kommentar zu diesem Fall!

In zwölften Fall fragt ein Mönch: »Was ist Buddha?« Der Meister antwortet: »Drei Pfund Flachs.« Womöglich bezieht sich das darauf, dass gerade Flachs gewogen wurde, um Roben herzustellen; wir wissen es nicht. In der Einführung steht der Hinweis: »Es wird nicht durch Buddhas und Patriarchen übertragen.«

Am besten veranschaulicht vielleicht der siebte Fall, worum es geht. Hier stellt ein Mönch namens Echō dieselbe Frage: »Wer ist Buddha?« Dieses Mal antwortet der Meister: »Du, Echō.« Der Hinweis in der Einführung beginnt wieder mit: »Es wird nicht durch Buddhas und Patriarchen übertragen.« Ziemlich vieldeutig, nicht wahr? Wurde der Dharma nun übertragen oder nicht? Was bedeutet es, den Dharma zu übertragen?

Yuanwu (jap. Engo, 1063–1135), der diese Hinweise und Kommentare verfasste, nimmt eine hübsche volkstümliche Redewendung zu Hilfe: »Das Geheimnis der Götter wird nicht vom Vater auf den Sohn übertragen.«

Shakyamunis Übertragung aus der Perspektive des Zen

Werfen wir nun einen Blick darauf, wie der Dharma von dem historischen Buddha Shakyamuni an Mahakashyapa weitergegeben wurde, um zu sehen, ob es sich hier um denselben Vorgang oder um etwas anderes handelt. Zuvor jedoch eine weitere Frage: Woher bekam Shakyamuni die Dharma-Übertragung? Den Aufzeichnungen zufolge hat er den Dharma natürlich auf eigene Faust erkannt, auch wenn es in manchen Schriften heißt, es habe einige Buddhas vor ihm gegeben. Eines ist dennoch klar: Obwohl Shakyamuni herausragende Meditationslehrer hatte, verließ er sie schließlich, ging seinen eigenen Weg und erkannte die Wahrheit allein. Allerdings war er anders als wir – schließlich war er ein Buddha, nicht wahr? Und wir alle wissen, was ein Buddha ist …

Der Zen-Tradition zufolge gab Shakyamuni den Dharma an Mahakashyapa auf folgende Weise weiter: Statt vor der großen Versammlung der Mönche zu sprechen, hielt Shakyamuni nur eine Blume, die ihm gereicht worden war, in die Höhe. Jeder wartete auf seine inspirierenden Worte, seinen Dharma. Nur Mahakashyapa erkannte, dass Shakyamuni schon alles gesagt hatte, weshalb wie von selbst ein Lächeln auf seine Lippen trat. Daraufhin erklärte Shakyamuni, dass er den Dharma nun an Mahakashyapa weitergebe. Im *Wumenguan* (jap. *Mumon-kan*), der »torlosen Schranke«, der bereits erwähnten bekannten Koan-Sammlung, finden wir über diesen sechsten Fall den Kommentar:

> Der gelbgesichtige Gautama (Shakyamuni) ist zweifellos unverfroren: Edle macht er zu Toren und verkauft Hundefleisch, das er als einen Schafskopf anpreist. Ich dachte, da wäre etwas dran. Doch wenn jeder der Versammelten gelächelt hätte, wem wäre dann der wahre Dharma übertragen worden? Wenn

> aber Mahakashyapa nicht gelächelt hätte, wäre der wahre Dharma dann überhaupt übertragen worden? Wenn einer sagt, der wahre Dharma kann übergeben werden, hat der gelbgesichtige Alte mit der lauten Stimme einfache Dorfleute betrogen. Wenn aber einer sagt, der Dharma kann nicht übertragen werden, warum wurde dann nur Mahakashyapa bestätigt?

Das ist ein ausgezeichneter Kommentar, der den Nagel auf den Kopf trifft. Alle Lebewesen besitzen bereits Buddha-Natur, deshalb ist eine Übertragung gar nicht notwendig. Zweifellos führt Shakyamuni die Versammlung in die Irre – aber trotzdem hat er nur eine Person bestätigt. Warum? Zenkei Shibayama, ein Zen-Meister des zwanzigsten Jahrhunderts, sagt dazu: »Zen gründet sich allein auf die eigene spirituelle Erfahrung und weist Initiationen oder vererbte Titel in jeder Form zurück. Deshalb ist das Konzept der Weitergabe (im Sinne von räumlich-zeitlicher »Übertragung«) ein unverzeihliches Missverständnis.« Ein großer Fehler, sozusagen eine »heilige Lüge«.

Sehen wir uns schließlich noch an, wie Zen-Meister Yunmen (jap. Ummon, ca. 864–949) mit dieser Frage umgeht. Er erzählt die Legende von Shakyamunis Geburt, wie dieser mit einer Hand in den Himmel und mit der anderen auf die Erde zeigt und sagt: »Zwischen Himmel und Erde bin ich allein verehrungswürdig.« Was sagt ihr zu dieser wundersamen Geburt und der ersten Belehrung des Welterhabenen? Yunmen meint, wenn er dabei gewesen wäre, hätte er Shakyamuni mit einem Schlag umgebracht und seine Leiche in das Maul eines hungrigen

Hundes geworfen, um Frieden auf Erden zu schaffen. Warum musste Yunmen, einer der großen Übermittler des Dharma, so etwas sagen? Hat er die Übertragung damit zerstört oder hat er sie am Leben erhalten? Kann die Übertragung überhaupt zerstört oder erhalten werden?

Shakyamunis Übertragung in früheren Aufzeichnungen

Yunmens Aussage scheint sich radikal von den frühen Schriften des Buddhismus zu unterscheiden, aber ist das wirklich der Fall? Die vielleicht bekanntesten Worte, die Shakyamuni zugeschrieben werden, stehen in der *Anguttara-Nikaya* im *Pali-Kanon.* Dort heißt es, man müsse die Zuflucht in sich selbst finden und solle sich nicht auf andere verlassen. Shakyamuni soll seine Schüler gedrängt haben, selbst zu überprüfen, was er lehrte. Sie sollten nicht akzeptieren, was er oder andere sagten, nur weil es sich um Autoritäten oder große Lehrer handelte oder weil sie als weise angesehen wurden. Man sollte es selbst herausfinden. Was für eine Art Übertragung ist das denn? Natürlich verwendet Shakyamuni keine chinesische Zen-Rhetorik, die besagt, neugeborene Buddhas solle man töten und ihren Leichnam den Hunden zum Fraß vorwerfen. Aber ist seine zentrale Aussage so anders?

Der *Mahaparinibbana-Sutta* zufolge hat Shakyamuni am Ende seines Lebens jede Vorstellung einer Dharma-Übertragung klar zurückgewiesen. Er hat auch niemanden ermächtigt, die Sangha zu leiten; die erwähnte Legende von Mahakashyapa ist viel später entstanden.

Noch wichtiger ist, dass er sogar die Idee zurückgewiesen hat, selbst jemals eine solche Autorität gewesen zu sein. Der Zen-Forscher John McRae kommentiert, die Rolle der »spirituellen Galionsfigur, die der Buddha (Shakyamuni) eindeutig nicht annehmen wollte«, entspreche »im Wesentlichen der Rolle der Patriarchen oder Chan-Meister im späteren chinesischen Buddhismus«. Vielleicht hatte Yunmen also gute Gründe für seine wüsten Äußerungen über den neugeborenen Heiligen.

In der *Mahaparinibbana-Sutta* stehen auch die letzten Worte, die Shakyamuni gesprochen haben soll: »Alles Bedingte ist dem Verfall unterworfen; erreicht daher durch unermüdliche Übung Vollkommenheit.«

Wenn alles dem Verfall preisgegeben und unbeständig ist, wie könnte etwas dann über zweieinhalbtausend Jahre hinweg weitergegeben werden, ohne sich zu verändern? Daher meine erneute Frage: Was wird nun übertragen?

Im Zen-Buddhismus wird in Bezug auf die Übertragung viel Aufhebens um das »Dharma-Siegel« gemacht; das ist schon fast zu einer esoterischen Vorstellung geworden. Im früheren Buddhismus beziehen sich die »Dharma-Siegel« jedoch einfach auf die grundlegenden Wahrheiten des Buddhismus, die Daseinsmerkmale alles Bedingten: 1. Unbeständigkeit, 2. Miss-Behagen (oft mit »Leiden« übersetzt), 3. Selbst-Losigkeit. Wenn nun alles ohne Ausnahme unbeständig, unbefriedigend und ohne Selbst ist, wie kann da irgendetwas übertragen werden? Später kam noch ein viertes Kennzeichen dazu, das *Nirvana.* In der Gedankenwelt der späteren *Tathagatagarbha-Sutras* wurden diese Siegel auf den Kopf gestellt und wurden zu: 1. Beständigkeit, 2. Freude, 3. Selbst, 4. Reinheit (in dem Sinne, dass Nirvana ursprünglich frei von Begierde, Anhaftung und Unwissenheit ist). Ist die Übertragung damit gleich geblieben oder hat sie sich verändert?

Die Rolle des Selbst

So viel ist klar: Solange wir nicht aufhören, nach Formen zu greifen, ist alles vergebens. Auch wenn wir dem größten Lehrer begegnen, ist alles verloren, wenn wir nicht das selbst-lose Selbst, den Lehrer in uns, erkennen. Eine der großen Entwicklungen im Buddhismus, die wir heute eher mit dem chinesischen Zen verbinden, war die Abkehr von Sutren, Ritualen und anderen Formen. Stattdessen wandte man sich direkt an eine Person, die den Dharma selbst verwirklicht hatte. Natürlich ist das nicht nur im Zen-Buddhismus so, es war ein entscheidender Aspekt, als aus dem Buddhismus eine Religion wurde. Dass es sich um ein allgemeines Merkmal lebendiger religiöser Praxis handelt, zeigt die Figur des indischen Gurus, die es schon lange vor dem Buddhismus gab.

Begegnungen mit anderen Menschen sind tatsächlich sehr kostbar, weshalb die Übertragungslinien der Zen-Tradition so wertvoll sind. Letztlich kann der Dharma jedoch nicht von außen übergeben werden, man muss von innen her zu ihm finden. Die Vorstellung von der Übertragung zu wörtlich zu nehmen und sich an ihre symbolische, kultische und esoterische Form zu klammern, birgt die Gefahr, blind zu werden für die lebendige Übertragung, die immer und überall stattfindet. Wenn man eine Blume betrachtet oder jemandem begegnet – irgendjemandem –, wird *es* dann übertragen oder nicht? Wenn man sich in der Zen-Literatur umsieht, welche Begegnung hat dort keine Bedeutung? Wir können bei jeder Tätigkeit erwachen, ob wir nun sehen, hören, uns erinnern, etwas vergessen, lächeln, etwas aufheben oder wegwerfen.

Die persönliche Begegnung mit einem Lehrer, der bereits erwacht ist, kann als große Inspiration dienen. Sie kann bestätigen, bekräftigen und prüfen, was der Schüler erkannt hat. Während der fünfundzwanzig Jahre, die ich in einem Rinzai-Kloster in Kyoto praktiziert habe, habe ich das selbst erlebt. Aber was ist die Grundlage? Im Vorwort des *Wumenguan* steht: »Nichts, was durch das Tor eintritt, kann zum Schatz des Hauses werden.« Das heißt, wir müssen zuerst auf eigene Faust erwachen, dann kann der Lehrer es bestätigen, auch wenn das in der Überlieferung manchmal nicht auseinandergehalten wird, wohl weil es Hand in Hand gehen soll. Die Zen-Tradition wird auch als »Schule des Buddha-Geistes« bezeichnet (hier taucht das chinesische Zeichen für »Geist« wieder auf), was jedoch nicht daran liegt, dass dieser Geist vom Lehrer auf den Schüler übertragen wird. Es geht vielmehr um den Geist, der durch den Geist zum Geist erwacht. Dabei verlässt man sich nicht auf Sutren oder andere heilige Schriften, auf nichts und niemanden, das Form besitzt: »Geist wird mittels Geist übertragen.«

Bei dieser Übertragung geht es nicht darum, dass eine Person etwas an eine andere weiterreicht; es ist nichts Übersinnliches und kein unverhohlener spiritueller Materialismus, auch wenn es manchmal so klingt und gelegentlich sogar darauf reduziert wird. Im schlimmsten Fall ist eine solche »Übertragung« ein gefährliches, im schlechtesten Sinn des Wortes esoterisches Kultobjekt, das nur unter bestimmten Umständen an eine bestimmte Person weitergegeben werden kann, die bestimmte kultische Riten vollzogen und spezielle Anforderungen erfüllt hat.

In einem sehr konkreten Sinne ist es weder möglich noch notwendig, irgendeine »Übertragung« von einer anderen Person zu erhalten. Die Übertragung ist wahrhaft unübertragbar. Von einem echten Lehrer werdet ihr nie etwas erhalten. Niemand gibt irgendetwas an irgendjemanden weiter, man kann es von einem anderen nicht bekommen. Von sich selbst bekommen kann man es natürlich ebenso wenig. Die Übertragung durchbricht genau diese Trennung und dringt in die Tiefe vor. Deshalb geschieht sie durch alles und jeden, überall und zu jeder Zeit. Es gibt nichts und niemanden, der den Dharma nicht übertragen würde. Das ist der Grund, weshalb unser ureigenes Koan und die Begegnung von Schüler und Lehrer schließlich Wirkung zeigen.

Wenn man das Selbst nicht vollständig und endgültig loslässt, kann es keine Übertragung geben, selbst dann nicht, wenn man schon zahllose Übertragungsurkunden verschiedener Linien erhalten hat. Basis und Ursprung der Übertragung im Zen ist das Erwachen des Nicht-Selbst, das in Erscheinung tritt, wenn das Selbst ein für alle Mal abfällt. Denken wir an das anfangs erwähnte Schriftzeichen, darum geht es. Niemand gibt irgendetwas an irgendjemanden weiter; *shin* (oder *kokoro*) überträgt *shin* durch *shin* an *shin*. Das ist alles.

Im *Lankavatara-Sutra* und anderswo wird das Bild vom Ozean und seinen Wellen verwendet. Jedes Individuum begreift sich selbst nur als eine bestimmte Welle. Als Welle kommen und gehen wir, auch wenn wir nicht wissen, woher wir kommen und wohin wir gehen. Das ist der unaufhörliche Kampf und das Miss-Behagen des Selbst als Welle, im Leben wie im Tod. Durch spirituelle Praxis wiederum erkennt die Welle schließlich, dass sie nichts anderes als Wasser im grenzenlosen Ozean ist. Weil diese Natur allem zugrunde liegt, kann der Kontakt mit allem und jedem zum Durchbruch führen; das ist eine zentrale Annahme des chinesischen Zen.

Zuflucht zu Buddha, zum Dharma (der lebendigen Wahrheit) und zur Sangha (der Gemeinschaft) zu nehmen, bedeutet nicht, eine Form loszulassen und sich dafür an einer anderen festzuhalten. Es bedeutet, sich selbst als Welle loszulassen und im Ozean aufzugehen.

In der Logik des *Diamant-Sutras* bedeutet das: »Ich bin nicht ich, daher bin ich ich.« Das mag widersprüchlich oder gar unsinnig klingen, ist es aber nicht. Wenn ich als Welle meine wahre Natur als Ozean erkenne, bin ich immer noch eine Welle; ich werde als Ozean-Welle sogar erst wahrhaft ich selbst. In Bezug auf die Übertragung heißt das, dass man seine Identität nicht in einer Art mystischer Verschmelzung verliert, auch wenn Zen-Lehrer und Zen-Forscher das manchmal fälschlicherweise so ausdrücken. Eine Welle identifiziert sich auch nicht mit einer anderen Welle, so erleuchtet diese auch sein mag. Es geht darum, dass die Welle sich selbst als der weite, grenzenlose Ozean erkennt. Weil ich absolut nichts bin, bin ich nicht ich; ich bin die formlose Form des Ozeans selbst.

Denken wir an eine Blume – woher kommt sie? Wächst sie aus sich selbst? Um eine Blume zu werden, muss sie aus einem Samen wachsen, sie braucht Wasser, Nährstoffe und Sonnenschein. Eine Blume – genau wie alles andere – ist nicht sie selbst. Sie wächst, blüht und verwelkt als formlose Form. Welch ein Wunder das doch ist!

Unser ureigenes Koan verweist direkt auf die Tatsache, dass keine Welle als Welle ausreicht. Wir müssen zum weiten und grenzenlosen Ozean selbst vordringen! Demzufolge ist die Begegnung von Lehrer und Schüler auch keine tiefe oder hohe Welle und auch keine Flutwelle, die auf eine andere Welle trifft; es ist der Ozean, der sich selbst begegnet.

Die Übertragung bei Bodhidharma, Shitou und Linji

Um das Wesen der Übertragung zu erläutern, gibt es kein besseres Beispiel als die Geschichte von der Übertragung des ersten Patriarchen auf den zweiten Patriarchen des chinesischen Zen, wie sie im 41. Fall des *Wumenguan* beschrieben wird. Ein vorbildlicher chinesischer Mönch, der sich das ganze Wissen seiner Zeit angeeignet hat (Konfuzianismus, Daoismus und Buddhismus), reist zu Bodhidharma, der in einer Berghöhle sitzt. Dort erklärt der Mönch, sein Geist – hier finden wir wieder das anfangs genannte Schriftzeichen – sei nicht in Frieden. Er fleht Bodhidharma an, ihm diesen Frieden zu verschaffen. Erwidert Bodhidharma daraufhin etwa »Gut, trage deinen Namen hier ein, sitze Zazen wie ich, und in ein paar Jahren übertrage ich dir meinen Dharma, dann bist du der nächste Patriarch«? Natürlich nicht, er kommt direkt zum springenden Punkt und verlangt, der Mönch solle seinen friedlosen Geist herzeigen, damit er ihm Ruhe schenken könne. Nach einiger Zeit kommt der Mönch zurück und sagt: »Ich habe den Geist gesucht, aber er ist letztendlich unerreichbar.« Bodhidharma erwidert: »Nun ist er vollkommen zur Ruhe gebracht.« Dieser Mönch wurde zum zweiten Patriarchen, weil er für sich erkannte, dass es letztlich – und ursprünglich – kein Selbst gibt, das zum Vorschein gebracht werden könnte. Er sah, dass er der Ozean war. Weil er zuvor an der Vorstellung klebte, eine Welle zu sein, konnte er keine Ruhe finden, was immer er tat. Statt auf eine Verschmelzung zweier Geister oder religiöse Belehrungen zurückzugreifen, hat Bodhidharma den Mönch gnadenlos – und voller Gnade – auf sich selbst zurückgeworfen, weil seine Frage nur so zu lösen war. Natürlich ist die abschließende Bestätigung durch Bodhidharma durchaus von Bedeutung, aber zuerst musste der Mönch selbst erwachen.

Ein anderes klassisches Beispiel berichtet von Shitou (jap. Sekitō, 700–790), einem der großen frühen chinesischen Zen-Meister. Shitou verwendete den Ausdruck »genau dieser Geist ist Buddha« schon, bevor er populär wurde. Daher fühlt sich einer seiner Mönche zu der Frage gedrängt, wer denn eigentlich die Lehren des sechsten Patriarchen erhalten habe. Da sich das einige Generationen nach diesem Patriarchen abspielte, lag die Frage nach der Legitimation der Übertragung nahe. Shitou antwortet: »Derjenige, der den Buddha-Dharma versteht, empfängt ihn.« Daraufhin fragt der Mönch: »Hast du ihn denn empfangen, Meister?« Shitou erwidert: »Ich verstehe den Buddha-Dharma nicht.« Shitou, einer der großen Meister seiner Zeit, behauptet also, er sei nicht fähig, den Buddha-

Dharma zu erlangen. Nun spitzt sich die Sache zu, denn ein anderer Mönch fragt, was es dann mit der Befreiung, dem Reinen Land und dem Nirvana auf sich habe. Das sind die heiligsten Ziele des buddhistischen Weges. Wenn genau dieser Geist Buddha ist und der Buddha-Dharma obendrein noch nicht einmal vom Meister verstanden wird, was nützt dann die Praxis in diesem Kloster? Deshalb stellt der Mönch die Frage nach den erhabensten Zielen, denen er und seine Gefährten ihr Leben gewidmet haben:

> »Was ist mit der Befreiung?« – »Wer bindet dich?«
> »Was ist mit dem Reinen Land?« – »Wer beschmutzt dich?«
> »Was ist mit Nirvana?« – »Wer wirft dich ins Samsara?«

Shitou antwortet als der Ozean selbst, und damit werden alle Fragen weggespült, da sie sich nun als gegenstandslos und unhaltbar entpuppen. Wann warst du jemals außerhalb des Ozeans, wann warst du von ihm getrennt? Was für ein Pech, dass Shitou nie eine Übertragung erhalten hat!

Viele Koans handeln von keinem Geringeren als Linji, dessen Lehre von Anfang bis Ende wahre Übertragung veranschaulicht. Einmal wird er gefragt, warum Bodhidharma den langen Weg von Indien nach China auf sich genommen habe. Doch wohl, um den Dharma zu übertragen? Linjis Antwort: »Wenn es irgendeine Absicht gegeben hätte, hätte er sich noch nicht einmal selbst retten können.« Das heißt eigentlich: »Wenn es eine Absicht gibt, wirst du dich selbst nie retten können.« Die nächste Frage lautet: »Wenn er keine Absicht hatte, wie hat der zweite Patriarch dann den Dharma erlangt?« Linji erwidert: »Erlangen bedeutet, nicht zu erlangen.« Das haben wir vorhin schon gehört. »Wenn es nicht erlangt wird, was heißt es dann, nicht zu erlangen?« Worauf Linji in Rage gerät:

> Du kannst deinen Geist nicht zu Ruhe bringen, wenn er suchend hier und da umherschweift. Deshalb sagt der Patriarch: »Narren – sie suchen mit dem Kopf nach ihrem Kopf!« Wende jetzt dein Licht um und richte es auf dich selbst. Suche niemals irgendwo anders. Dann erkennst du, dass dein eigener Körper/Geist sich nicht von den Patriarchen und Buddhas unterscheidet und dass es nichts zu tun gibt. *Das* bedeutet es, den Dharma zu verwirklichen!

Als Huangbo den Dharma an Linji »überträgt«, ruft er nach der Rücken- und der Armlehne seines Lehrers Baizhang. Dieser hat seinerzeit gesagt, nur wessen Einsicht die seines Meisters übertreffe, sei würdig, die Übertragung zu erhalten. Meister Huangbo will Linji nun die kostbaren Besitztümer des verehrten Baizhang als Zeichen der Übertragung schenken. Wie zeigt Linji seine Wertschätzung? Ohne auch nur einen Moment zu zögern, ruft er: »Gehilfe, zünde ein Feuer an!« Linji hat keinen Bedarf an solchen Insignien und ist bereit, das verflixte Zeug auf der Stelle zu verbrennen. Es stimmt tatsächlich: »Wenn die Einsicht der des Meisters gleichkommt, verringert sich dessen Wert um die Hälfte; nur die Einsicht, welche die des Meisters übertrifft, ist es wert, die Übertragung zu erhalten.« Bezeichnenderweise besteht Huangbo aber darauf: »Mag sein, aber nimm die Sachen trotzdem mit. In Zukunft wirst du auf der Zunge jedes Menschen auf Erden sitzen.« Huangbo kann nicht umhin, Linji zuzustimmen, dennoch hat er den Weitblick, ihn zur Besonnenheit anzuhalten, auch wenn er ihn bekräftigt und ermutigt.

Als Linji nach zuvor langem und mühsamem Ringen erwacht ist, sind ihm die berühmten Worte entfahren: »Ach, mehr ist an Huangbos Buddha-Dharma nicht dran?« Das ist die Übertragung. Aus der Distanz mag es glanzvoll und mystisch erscheinen, aber aus der Nähe betrachtet, ist diese unschätzbare Kostbarkeit das Gewöhnlichste und Alltäglichste überhaupt.

Als Linji im Sterben liegt, ermahnt er seine Schüler, das wahre Dharma-Auge nicht erlöschen zu lassen. Ein Mönch will wissen, wie das möglich sei. Als Linji zurückfragt, wie denn der Mönch selbst darauf antworten würde, stößt dieser einen lauten Schrei aus, wie Linji es oft getan hat. Daraufhin spricht Linji seine letzten Worte: »Wer hätte gedacht, dass mein wahres Dharma-Auge in dem Moment erlischt, in dem es diesen blinden Esel erreicht.« Ein Glück, dass das geschehen ist!

Woher kommt die Legende der Übertragungslinien?

Wo und aus welchem Grund ist die Legende der Übertragungslinien entstanden? Da Zen im Westen Wurzeln geschlagen hat, fühlen sich viele Übende von diesem Mythos angezogen. Manche glauben sogar ganz naiv, er entspreche der Realität. Sie meinen, der Empfang bestimmter Symbole, die mit der Übertragung in Zusammenhang stehen, wäre ein Beweis für authentisches Zen. Vielleicht ist das lediglich ein fundamentaler Mangel an Erwachen. Ein kurzer Rückblick auf die historische Entwicklung der Übertragungslegende wird einige der absurdesten Missverständnisse beseitigen, die sich um dieses Thema ranken.

In der frühen Tang-Dynastie, das heißt vor gut dreizehnhundert Jahren, standen Zen, aber auch andere buddhistische Schulen unter dem Druck, zumindest ihre Legitimität unter Beweis zu stellen, bestenfalls jedoch einen guten Stand bei den konkurrierenden politischen Machthabern zu gewinnen. Die chinesische Tiantai-Schule, die sich in Japan zum Tendai-Buddhismus entwickelt hat, war schon vor dem Entstehen der Chan- oder Zen-Schule aktiv. Trotz der rhetorischen Position, es gehe um eine »Übertragung jenseits der Schriften, unabhängig von Worten und Buchstaben«, hatte sich die Zen-Schule auf Sutren bezogen, darunter das *Lankavatara-Sutra,* das bei der Übertragung von Bodhidharma an den zweiten Patriarchen eine Rolle spielte, und später das *Diamant-Sutra.* Im achten Jahrhundert versuchte man jedoch, eine spirituelle Übertragungslinie bis zu Shakyamuni zurück zu etablieren.

Zu diesem Zweck entwarfen verschiedene Zen-Gruppierungen eine ganze Anzahl sich widersprechender Übertragungslinien, die ihrer Legitimation dienen sollten. Sie gründeten sich auf die Abstammungslinien des Kaiserhauses und auf abgewandelte konfuzianische Ahnenverehrung. So entstand ein buddhistischer Stammbaum, um zu zeigen, dass der aktuelle Linienhalter ein direkter spiritueller Nachkomme von Shakyamuni war. Indem man die eigene Schule direkt auf Shakyamuni anstatt auf Aussagen in den Sutren zurückführte, konnte man sich über die anderen buddhistischen Schulen und angeblich illegitime Linien innerhalb des Zen stellen. So wie der Kaiser der weltliche Herrscher war, wurde der Zen-Patriarch als Herrscher des spirituellen Reiches angesehen.

Was wir heute naiverweise als »authentische« Übertragungslinien des Zen-Buddhismus ansehen, sind also weitgehend durch historische Wechselfälle und soziopolitische Machtspiele entstandene Konstrukte. Eine Schlüsselfigur in dieser Entwicklung ist Heze Shenhui (jap. Kataku Jinne, 670–762). Bei dem Versuch, sich selbst als siebter Patriarch zu etablieren, griff Shenhui die sogenannte nördliche Schule des Zen an und behauptete, nur seine südliche Schule könne Legitimität beanspruchen, obwohl die Lehren beider Schulen praktisch identisch waren. Dabei machte er sich die Unbekanntheit seines eigenen Lehrers zunutze, der heute allgemein als sechster Patriarch gilt. Seine Angriffe gründete er auf eine strenge Erbfolge, die er selbst in Anlehnung an jene des Kaiserkults geschaffen hatte. Sein Erfolg rührte unter anderem daher, dass er einen gewaltigen Geldbetrag für militärische Zwecke aufbrachte, indem er bei staatlich sanktionierten Zeremonien massenhaft Ordinationsurkunden verkaufte.

Weitere Ungereimtheiten der Übertragungslinien

Dass der Buddhismus allmählich zu einer Praxis für Ahnenverehrung und Bestattungszeremonien verkam, lag durchaus auch an den genannten Problemen der Übertragungslinien. Dasselbe gilt für die Errichtung von Tempeln zum Schutz des Staates, für die aberwitzige Gleichsetzung von Lehrern mit Buddha und für die erwähnten sektiererischen Rivalitäten, um nur einiges zu nennen.

Im japanischen Soto-Zen trat Manzan Dōhaku (1636–1714) aufgrund von Problemen mit der hierarchischen Struktur der Nachfolge in den Tempeln dafür ein, dass eine formale Übertragung zulässig sein sollte, egal ob der Betreffende erwacht war oder nicht. Baihō Jikushin (1633–1707) wiederum begriff die Dharma-Linien als beinahe physische Gebilde im Körper und meinte, es dürfe nur eine einzige Übertragung erfolgen, weil eine weitere den Betreffenden in einen endlosen inneren Widerstreit stürzen würde. Damit war die Dharma-Übertragung zu reinem Spiritismus herabgesunken. Dokuan Genkō (1630–1698) argumentierte erfolglos, das Erwachen ohne einen Meister sei einem Meister ohne Erwachen vorzuziehen. Er schrieb:

> Wenn ich heutzutage aufmerksam die Übertragung der Robe und des Dharma in der Zen-Schule betrachte, sehe ich, dass der Name überlebt, die Realität jedoch schon lange verschwunden ist. Wer heute die Weisheit der Buddhas und Patriarchen erben möchte, ist darauf angewiesen, alleine ohne einen

> Meister zu erwachen. Sogar wenn der Name verschwindet, sind sie die Einzigen, die die Realität erben.

Obwohl Dōgen, der Gründer des Soto-Zen, anderes im Sinn hatte, zieht der Zen-Forscher William Bodiford dasselbe Fazit: »Die Qualifikation für die höheren Ränge erforderte weder Praxis noch Erkenntnis.«

Das Problem ist nicht auf den Soto-Zen beschränkt – japanische Rinzai-Priester kauften »Erleuchtungszertifikate«, um zu wichtigen, von der Regierung finanzierten Positionen aufzusteigen. Wieder hat das mit der Übertragung und dem sektiererischen Bewusstsein zu tun, das dadurch gefördert wird. Der Forscher Michel Mohr urteilt über den japanischen Zen-Buddhismus:

> Der Charakter des sektiererischen Bewusstseins wird zu jedem beliebigen Zeitpunkt besonders in der herrschenden Einstellung zur Dharma-Übertragung deutlich, da durch den Übertragungsprozess die Identität und Integrität der Linie erhalten wird. Von besonderer Bedeutung ist das in Anbetracht der Tatsache, dass der Missbrauch der Dharma-Nachfolge während des Tokugawa-Shogunats (1603–1867) zu einer Plage wurde, die sich auf die Glaubwürdigkeit der gesamten zen-buddhistischen Geistlichkeit auswirkte.

Was könnte absurder sein, als diesen ganzen Unsinn unter dem Deckmantel des »Zen« in den Westen zu bringen? Was haben Übertragungslinien und rivalisierende Schulen mit Buddhismus zu tun? Die sektiererische Auseinandersetzung zwischen der nördlichen und der südlichen Schule des chinesischen Zen ist nur ein Beispiel für dieses Phänomen. Andere Gegenpole sind die »allmähliche« und die »plötzliche« Lehre (Zen-gyo und Ton-gyo), der Tathagata- und der Patriarchen-Zen, die schweigende Erleuchtung und die Koan-Betrachtung und mehr. Durch solche Rivalitäten werden kritische, aber legitime Fragen und andere Probleme unter den Teppich gekehrt und mit einseitiger, dogmatischer Rhetorik verhüllt. Schon im neunten Jahrhundert schrieb der chinesische Gelehrte und Meister Zongmi (jap. Shūmitsu, 780–841), die Anhänger der rivalisierenden Strömungen der allmählichen und der plötzlichen Erleuchtung würden sich behandeln, als wären sie Blutsfeinde, sodass die südlichen und die nördlichen Schulen geradezu »einander hassten«.

Die Probleme des sektiererischen Bewusstseins und der Übertragungslinien sind allerdings nicht erst im Zen entstanden, sie begleiten uns seit den Anfängen des Buddhismus. Im Rahmen der ersten Spaltung standen bei einem buddhistischen Konzil, das um 386 v. Chr., also etwa hundert Jahre nach Shakyamunis Tod, in Vaishali abgehalten wurde, folgende »falsche Sichtweisen« zur Debatte: 1. Ob ein Arhat nächtliche Samenergüsse habe oder nicht. 2. Ob es etwas gebe, was ein Arhat nicht wisse oder nicht. 3. Ob ein Arhat Zweifel haben könne oder nicht. 4. Ob ein Arhat durch einen anderen erwachen könne oder nicht. 5. Ob ein Arhat laut schreie oder nicht.

Im Lauf der Jahre wurden solche Fragen für unzulässig erklärt und durch Dogmen ersetzt. Damit war klar, was man zu glauben hatte. Die Mahayana-Tradition wiederum stellt dies alles komplett auf den Kopf und gibt eine radikal andere Interpretation solcher »Sünden«.

Diese Themen gehen uns heute noch an: Was ist die Beziehung zwischen Erwachen und Sexualität? Ist eine erwachte Person allwissend und ohne jeden Zweifel? Das sind entscheidende Fragen, die wir stellen und für uns klären müssen. Die vierte Frage, ob man durch eine andere Person erwachen kann oder nicht, bezieht sich direkt auf das Thema dieses Kapitels. In einem frühen Kommentar wird tatsächlich erklärt, ein Arhat sei sich möglicherweise »seiner eigenen Weisheit und übernatürlichen Kraft nicht bewusst«, weshalb er des Anstoßes durch andere bedürfe, »um zu erkennen, was schon in ihm steckt«. Dieses Problem besteht also von Anfang an. Uns stellt sich heute die Frage, ob wir die Augen davor verschließen und das sektiererische Dogma akzeptieren oder ob wir den Fragen neues Leben einhauchen, sie uns zu eigen machen und echte Antworten finden.

Im Alten Testament, in der Genesis, wird der vergebliche Versuch beschrieben, den Himmel durch den Bau eines Turmes zu erreichen. Ich denke, etwas durch Übertragungslinien erreichen zu wollen, ist ein ähnliches Phänomen – ein Turm zu Babel oder meinetwegen ein Tunnel zu Buddha. Die Spaltung in verschiedene Sprachen ist mit der Zersplitterung in rivalisierende Sekten vergleichbar. Wie des Kaisers neue Kleider sind die Übertragungslinien unter der Vortäuschung falscher Tatsachen und aus Eigennutz entstanden, in Anlehnung an die Erbfolge des chinesischen Kaiserkultes und unter Verwendung unpassender indischer, chinesischer und japanischer Versatzstücke. Wer will, kann diesen Flickenmantel mit Stolz tragen, aber man sollte ihn nicht mit dem nackten Leib Buddhas verwechseln.

Wie wir gesehen haben, ist die lebendige Übertragungslinie im Zen tatsächlich kostbar, doch der sie umgebende Kult gleicht einer Büchse der Pandora. Wenn wir uns von sektiererischen Rivalitäten, Dogmen und dem Aberglauben der Übertragungslegenden befreien, können wir nicht nur anderen Zen-Buddhisten, sondern Buddhisten jeder Tradition, ja der gesamten Menschheit die Hand reichen. Klar und entschieden zum Nicht-Selbst zu erwachen, ist die Grundlage. Dabei geht es nicht darum, irgendein Dogma des Buddhismus oder der Zen-Tradition anzunehmen, es geht um die Wirklichkeit, die zu sich selbst erwacht. Dann kommt die Übertragung von allem, was auf der Welt existiert, und alles, was existiert, wird übertragen.

MEIN SELBST – VIEL LÄRM UM NICHTS

Autobiografische Skizze

1953 in einem Vorort von Philadelphia geboren, hatte ich das Glück, in den liberalen 60er-Jahren aufzuwachsen. Das hieß, als Fünfzehnjähriger mit Freunden per Anhalter nach Woodstock zu fahren, Schlagzeug zu lernen – und in jede Menge Schwierigkeiten zu geraten. Wir liefen damals vor allem davon, was wir nicht ertragen konnten: Scheinheiligkeit, Materialismus, Konventionen und Mittelmäßigkeit. Viele von uns suchten verzweifelt nach irgendetwas, ohne zu wissen, wonach. Manche starben auf dieser Suche. Irgendwelche Schuldigen in der Außenwelt zu finden, war kein Problem; etwas ganz anderes war es, den Keim unserer Unzufriedenheit in uns selbst zu entdecken.

Viele von uns hatten die religiöse Tradition unserer Eltern ein wenig zu schnell durchschaut; jedenfalls meinten sie das. Und es gab etliche Alternativen: Yoga, Hinduismus, Buddhismus, Zen. Allerdings gerieten diese Alternativen unter Umständen selbst zum Problem, da sie vermischt wurden mit gefährlicheren Fluchtmitteln und Abkürzungen, die einem ein gutes Lebensgefühl bescheren sollten – Drogen und Sex waren zwei dieser in der Alternativszene der 60er-Jahre frei verfügbaren Konsumgüter.

Ein entscheidendes Kindheitserlebnis war für mich die Trennung und schließlich Scheidung meiner Eltern. Ich war damals so verunsichert, dass ich mich niemandem anvertrauen konnte. Eine frühe Erinnerung reicht in die Zeit zurück, als ich doch einmal den Mund aufmachte. Mit etwa sechs Jahren lag ich oben in meinem Bett und versuchte einzuschlafen, als mich plötzlich Todesangst ergriff. Egal wie ich versuchte, davon loszukommen, ich fand keinen Ausweg – vielleicht würde ich hundert Jahre alt werden, aber am Ende würde ich doch sterben. Weil ich es schließlich nicht länger ertragen konnte, rannte ich im Schlafanzug die Treppe hinunter. Vor der kleinen Schar von Erwachsenen, die im Wohnzimmer beisammensaßen, platzte es aus mir heraus: »Ich hab Angst zu sterben!« Nachdem der erste Schock abgeklungen war und sich wieder ein Lächeln auf den Gesichtern zeigte, beugte sich eine Frau zu mir herunter und versuchte mich zu trösten. »Ach, darum brauchst du dir wirklich keine Sorgen zu machen!«, sagte sie. »Alles wird gut. Geh einfach wieder ins Bett.«

Das tat ich dann auch. Aber ich fühlte mich noch schlechter, weil ich die Angst, die ich spürte, auch in den Augen der Erwachsenen gesehen hatte. Auch sie besaßen scheinbar keine Antwort. Deshalb lernte ich aus diesem Erlebnis nur, nicht über dieses Thema zu sprechen und wie alle anderen eine Maske zu tragen. Eine armselige Lektion.

Leider half es auch nicht, in die Kirche zu gehen. Als ich eines Sonntags hörte, wie der Pfarrer in seiner Predigt die Qualen der Hölle heraufbeschwor, dachte ich: »Der will mir bloß Angst vor der Hölle einjagen, damit ich alles tue, um in den Himmel zu kommen. Ich weiß zwar nicht, ob es Gott gibt oder nicht, aber auf diesen Verkaufstrick falle ich nicht herein. Lieber fahre ich mit reinem Gewissen zur Hölle.«

Hätte mir damals jemand gesagt, dass ich mein Leben später der spirituellen Praxis widmen würde, so hätte ich ihn für verrückt erklärt. Obwohl meine Verzweiflung im Stillen wuchs, schien mir der christliche Glaube kein gangbarer Weg zu sein. Erst viel später, als ich Vergleichende Religionswissenschaft studierte, erkannte ich die Größe des christlichen Glaubens. Seltsamerweise geschah das gerade dann, als ich mit dem Buddhismus in Berührung kam. Weil ich aber bezweifelte, dass es den Gott gab, den man von der Kanzel predigte, stellte das Christentum keinen lebendigen Glauben für mich dar.

Einen dauerhaften Eindruck hinterließ auch eine andere Kindheitserinnerung. Als ich an einem Sommertag mit ein paar Freunden gerade das Jugendzentrum verließ, kam ein Junge allein die Treppen hoch. Ich weiß nicht, ob es sich um die Spuren einer Verbrennung oder um eine angeborene Missbildung handelte, doch seine Ohren sahen wie kleine Kohlblätter aus; Nase und Mund waren nichts als faltige Flecken in einem verzweifelten Gesicht. Wir starrten vom Fuß der Treppe zu ihm hoch. Dann platzte einer meiner Freunde heraus: »Schaut euch den an!« Jetzt zitterte der Junge oben auf der Treppe, drehte sich um und flehte seine im Auto sitzende Mutter an: »Ich will da nicht rein, Mami, bitte zwing mich nicht!« Die Mutter antwortete in entschlossenem, wenn auch müdem Ton, alles würde gut werden, er solle einfach hineingehen.

Ich weiß nicht, warum, aber in diesem Moment ballte sich die ganze Szene in meiner kleinen, zitternden Brust zusammen. Auch *ich* war dieser arme Junge, sein Schmerz war meiner. Aber ich war auch seine Mutter, die ihn drängte, trotzdem hineinzugehen. Ich empfand dasselbe wie mein Freund, der sein Erschrecken laut zum Ausdruck gebracht hatte, und zugleich wusste ich, dass es völlig falsch war, so zu reagieren. Ich konnte nur wie erstarrt dastehen, während mir diese widersprüchlichen Gedanken und Gefühle durch den Kopf schossen. Die Verzweiflung des Jungen und alle anderen unerträglichen Emotionen, die in diesem Moment zum Vorschein kamen, gruben sich tief in mir ein, als ich an diesem Sommernachmittag an der Treppe des Jugendzentrums stand.

Die Erschütterung wich allmählich – übrig blieb die Überzeugung, dass ich so unerträgliches Leid irgendwie lindern musste. Aber wie? Hätte ich die Treppe wieder hinauflaufen und dem Jungen Mut machen sollen? »Komm, ich geh mit dir rein! Lass uns Tischtennis spielen.« Zu diesem Zeitpunkt wusste ich es nicht und konnte auch nicht handeln. Aber eins war mir klar: Ich musste auf dieses Leid reagieren, sonst würde es mich in Stücke reißen.

Auf die unangenehmen Einzelheiten will ich verzichten, aber als rebellischer Jugendlicher geriet ich bald in alle möglichen Schwierigkeiten. Nur so viel: Einige Jahre später lief ich meinem Freund Larry über den Weg, und der erzählte mir von einem gemeinsamen Bekannten, der früher ein total ausgeflippter Typ gewesen war. Als ich von Larry hörte, dass er jetzt eine Arbeit und eine Wohnung hatte, meinte ich: »Mich wundert, dass er noch am Leben ist!« Larrys Antwort war: »Das ist lustig. Dasselbe hat er nämlich über dich gesagt.« Meine arme Mutter hat es Jahre später so resümiert: »Jedes Mal, wenn die Polizei bei uns anklopfte, ging es um den kleinen Jeffie.«

Zum Glück half mir meine Zwillingsschwester Jean, einigermaßen auf dem Boden zu bleiben. Auch der Wald am Wissahickon Creek in der Nähe unseres Hauses war ein rettender Trost; er gab mir das wunderbare Gefühl, in der Natur geborgen zu sein.

In meiner Zeit auf der Highschool hatte ich einen Nebenjob, weil wir das Geld brauchten und weil ich in der Schule sowieso nicht so gut wie meine beiden älteren Brüder und meine Schwester war. Nach der Schule im Kaufhaus die Mülleimer zu leeren, entpuppte sich als wahrer Segen, denn in der kleinen Buchabteilung stieß ich auf Daisetz T. Suzukis Buch *Die große Befreiung*. Ich las diese Einführung in den Zen-Buddhismus abends, nachdem das Kaufhaus geschlossen hatte. Eigentlich hätte ich in dieser Zeit den Boden wischen sollen. Das Buch bot mir einen Zugang zur Spiritualität, der vom tatsächlichen Problem des Leidens ausging. Das sprach mich an. Und außerdem waren die Zen-Geschichten richtig klasse.

1971 schaffte ich es, an der Temple-Universität in meiner Heimatstadt Philadelphia aufgenommen zu werden. Das war die einzige Universität, bei der ich mich beworben hatte, weil es die einzige war, die wir uns leisten konnten. Damals arbeitete meine Mutter dort als Sekretärin, weshalb ihre Kinder keine Studiengebühren zahlen mussten. Mein älterer Bruder Bill hatte gerade in Religionswissenschaft ein Seminar über Buddhismus belegt. Er erzählte mir, was gerade angesagt war: »Geh zuerst in eine Einführung in den Buddhismus und dann in das Zen-Seminar bei diesem De Martino. Das wird dich umhauen!« Das war eins der wenigen Male, dass ich den Rat meines Bruders annahm. Es sollte eine tiefgreifende Erfahrung für mich werden.

Richard De Martino hatte nach dem Zweiten Weltkrieg in Japan bei D. T. Suzuki studiert und dann bei Shin'ichi Hisamatsu, der als Laie Zen lehrte, praktische Erfahrungen gesammelt. Er war ein brillanter Redner, stieß jedoch wirklich zum Kern vor. Schon in meinem ersten Studienjahr besuchte ich in der philosophischen Fakultät allerhand interessante Veranstaltungen. De Martino konnte mir jedoch durch die einfachsten Fragen den Boden unter den Füßen wegziehen. Zum Beispiel so: »Wo kommen wir wirklich her?« Als er das fragte, war klar, dass es nicht um unseren Geburtsort ging. Dann fuhr er fort: »Und wo gehen wir wirklich hin?« Auch hier ging es nicht einfach um das Ende des Lebens. »Und wenn ihr wirklich darüber nachdenken wollt: Wo sind wir in diesem Moment – von einem absoluten Standpunkt aus gesehen?« An diesem Punkt hatte ich keinen blassen Schimmer. Ich beschäftigte mich zwar mit Kants *Kritik der reinen Vernunft* und seinem Kategorischen Imperativ, aber ich hatte keine Ahnung, woher ich kam, wohin ich ging oder wer zum Teufel ich überhaupt war. Jahrelang lebte ich in einer Existenzkrise, buchstäblich geschockt, benommen und verwirrt, während mir ein nagender Zweifel den Grund und Boden unter meinen Füßen wegfraß.

Einmal platzte ich in De Martinos Büro, um ihm einen Aufsatz zu zeigen, den ich für ein anderes Seminar geschrieben hatte. Darin verglich ich das »Selbst« des Zen-Buddhismus mit C. G. Jungs analytischer Psychologie. De Martino warf einen Blick auf den Titel, zuckte mit den Achseln und warf den Aufsatz auf seinen Schreibtisch.

Dann sah er mir fest in die Augen und sagte: »Ganz nett. Aber meinst du nicht, du solltest dich lieber um das eigentliche Problem kümmern?«

Gelegentlich fuhr ich per Autostopp zur Uni. Scheinbar nahm mich immer derselbe Schlag Mensch mit: reiche Geschäftsleute aus Philadelphia. Während wir die Broad Street hinunterfuhren, nahm das Gespräch unweigerlich immer dieselbe Wendung. »Was studierst du eigentlich?« – »Philosophie und Religion.« – »Sag mal, was zum Teufel willst du denn später damit anfangen? Dich für tiefsinnige Gedanken bezahlen lassen?« Der Fahrer lachte in sich hinein, während ich mich tiefer in den luxuriösen Beifahrersitz verkroch und mich auf den nächsten Angriff vorbereitete. Ich murmelte so etwas wie: »Die Welt verstehen lernen.« Worauf der Mann mich die restliche Fahrt darüber belehrte, wie schnell er seine ersten Hunderttausend gemacht hatte und dass das nicht sein einziger Wagen war – »in der Firma« stünden noch ein paar mehr.

Wenn ich daran zurückdenke, hatten diese Unternehmer einem naiven und idealistischen jungen Mann wie mir durchaus etwas zu sagen. Dennoch musste ich den gewählten Weg weitergehen, und glücklicherweise hatte ich nie ein Problem, über die Runden zu kommen. Auch meinen »Idealismus« habe ich nie bereut. Wenn dir dieser Weg bestimmt ist, lass dich mit ganzem Herzen und ganzer Seele darauf ein. Hör gut zu, was andere sagen, aber missachte nie den Ruf, der in den stillen Tiefen deines Innern erklingt.

Fälschlicherweise glaubte ich, in die Fußstapfen De Martinos treten und alles philosophisch ausdrücken zu müssen. Deshalb belegte ich an der Universität als Hauptfächer Religion und Philosophie. Um meinen Master zu machen, ging ich dann 1976 an die University of Hawaii, wo ich neben dem Studium an der philosophischen Fakultät als Assistent in Religionswissenschaft tätig war. Das Wertvollste, was ich dabei lernte, war vielleicht, dass ich kein Philosoph bin. Die Universität ist ein wunderbarer Ort, um etwas zu lernen, aber nicht der richtige, um Fragen zu lösen, wie sie mich beschäftigten.

Bald nachdem ich im Sommer 1976 in Honolulu angekommen war, nahm ich an einem Retreat in Robert Aitkens Zendo im grünen Manoa-Tal nahe der Universität teil. Ich kämpfte vergeblich mit dem Koan *Mu* und aß seltsame vegetarische Speisen. Selbst das Zazen kam mir besonders strapaziös vor, weil wir mit dem Gesicht zur Wand saßen und nicht einander gegenüber, wie ich es gewohnt war. Es war eine große Enttäuschung.

Als ich jedoch einige Tage später zu Hause Essen kochte und beißender Knoblauchgeruch aus der Pfanne stieg, erkannte ich *Mu*. Ohne Zweifel, ich war *Mu*! Alles war *Mu*, alles war durchlässig und pulsierend. Überglücklich ging ich früh am nächsten Morgen ins Zendo, um es bestätigen zu lassen.

Aber selbst diese Erfahrung wandte sich gegen mich, weil ich stolz auf meinen scheinbaren Fortschritt wurde, mich an meine vermeintliche Selbstlosigkeit klammerte und wie eine Klette an meiner neu entdeckten Freiheit hing. Wenn man so viel Zeit in pechschwarzer Dunkelheit verbracht hat, wirkt selbst ein flackerndes Streichholz wie der Sonnenaufgang. Da saß ich nun, schrieb Aufsätze über Zen und Satori und fand die richtigen Worte. Aber wenn ich ehrlich zu mir war, musste ich zugeben, dass ich nicht wirklich lebte, was ich schrieb, sosehr ich auch an die Worte glaubte. Schließlich trieb eine persönliche Krise, deren Einzelheiten nichts zur Sache tun, alles auf die Spitze. Anstatt das Leiden anderer zu lindern, fügte ich den Menschen, die ich liebte, immer noch Schmerzen zu! Ich war noch immer derselbe alte Holzkopf wie eh und je. Eine Einsicht zu haben, für die man nicht bereit ist, kann mehr Schaden als Nutzen bringen.

1978 machte ich in Hawaii meinen Master in Philosophie und kehrte mit eingezogenem Schwanz in meine Heimatstadt Philadelphia zurück. Dort studierte ich an der Temple University noch einige Jahre Religionswissenschaft, wobei ich hauptsächlich Veranstaltungen von De Martino besuchte und als sein Assistent tätig war. Außerdem saß ich Zazen. Endlose Stunden, Tage, Wochen und Monate verbrachte ich mit dem verzweifelten Versuch, mir Klarheit zu verschaffen. Aber das gelang mir einfach nicht. Damals drückte ich meine tiefe Hoffnungslosigkeit so aus:

> Ich bin nur ein einsamer Kerl,
> der versucht, ein Heiliger zu sein.
> Unfähig, deine Hand zu ergreifen,
> oder wenigstens ehrlich Farbe zu bekennen,
> gebe ich nicht einmal mein Bestes.

Als ich den absoluten Tiefpunkt erreicht hatte, beschloss ich, alles aufzugeben, etwas Geld anzusparen, ein wenig Japanisch zu lernen und dann bedingungslos in ein japanisches Kloster zu ziehen. Ich arbeitete nachts, wenn möglich in Doppelschichten, als Hilfskraft in einer psychiatrischen Klinik der Quäker. Schließlich bezog ich direkt auf dem idyllischen Gelände der Klinik ein winziges Zimmer. Als der Tag meiner Abreise näher rückte, entfernte ich die wenigen Möbelstücke, die dort standen, sodass ich im letzten Monat auf einer Decke am Boden saß. So war ich auf ein Leben in Japan relativ gut eingestimmt, als ich im Sommer 1981 in meinem 28. Lebensjahr dort ankam. Für den Aufenthalt in einem Rinzai-Ausbildungskloster kann man sich allerdings durch nichts auf der Welt vorbereiten.

Bald nach meiner Ankunft in Kyoto erhielt ich die Erlaubnis, in den Reiun'in zu ziehen, einen Tempel auf dem Gelände des Klosterkomplexes Myōshin-ji, wo Abt Mumon Yamada lebte. Hier wurde mein Kopf geschoren, und hier bereitete ich mich auf den Eintritt in den Shōfuku-ji vor, ein Ausbildungskloster des Myōshin-ji in Kobe. Dort nahm ich in meinem ersten Jahr in Japan regelmäßig an Sesshins teil und lebte schließlich 1982 während einer Übungsperiode mehrere Monate bei den Mönchen.

Mumon Yamada bekam öfter exquisite Speisen geschenkt, die er mit den anderen Bewohnern des Reiun'in teilte. Zur Abwechslung gab es zu Mittag einmal Soba (Buchweizennudeln) statt Reis. Ich war als Tenzō (Koch) eingeteilt. Dabei übersah ich, dass die Nudeln nicht wie üblich in Einzelportionen, sondern für jeweils drei Personen verpackt waren, und bereitete dreißig Portionen statt zehn zu. Obwohl wir aßen, so viel wir konnten, blieb ein Berg Nudeln übrig. Der oberste Mönch machte mir klar, dass ich daraus das Abendessen kochen musste, denn am Ende des Tages durfte nichts übrig bleiben.

Ich dachte mir: Gut, dann mache ich Yaki-Soba. Das sind gebratene Nudeln, die ich noch nie selber zubereitet hatte. Trotzdem tat ich einfach Butter in den Wok und gab die Nudeln samt Sojasauce dazu. Leider wurde das Zeug dadurch nur klebrig und schien an Masse noch zuzunehmen.

Als ich meinen Mitbewohnern das Essen auftischte, warf der oberste Mönch einen Blick in die Schüssel, tat etwas davon in seine Essschale und schlürfte es langsam in den Mund. Alle, auch ich, beobachteten ihn. Dann wandte er sich zu mir und sagte in einfachem Japanisch, das selbst ich damals verstand: »Heute ganz besonderer Tag. Nimm Nudeln mit.« Also nahm ich die riesige Schüssel und folgte ihm und den übrigen Mönchen feierlich in den Garten. Dort sagte er: »Bring Schaufel. Grab Loch. Vergrab Nudeln.« Anschließend rezitierten wir das Herz-Sutra, und er sagte: »Heute ganz besonderer Tag. Wir opfern dem Garten-Gott.« Dann fuhr einer der jüngeren Mönche mit dem Fahrrad los, um bei einem Imbiss Essen für uns zu besorgen. Aber wir hatten nichts verschwendet. Wir hatten nur dem Gott des Gartens ein besonderes Opfer dargebracht.

Ein andermal beschloss ich, die Miso-Suppe mit viel Gemüse anzureichern. Die Tage wurden kürzer, und draußen war es kalt. Im Garten hatten wir eine Menge Gemüse, und ich hatte die dünne Brühe satt, die wir täglich aßen. Deshalb schnippelte ich verschiedene Sachen in den Topf und tat auch eine Schachtel Pilze dazu, die ich im Regal fand. »Das wird uns guttun«, dachte ich.

Aus irgendeinem Grund kam der oberste Mönch in die Küche, um nach mir zu schauen. Als er sah, was ich da machte, rief er: »Was ist das denn? Das soll Miso-Suppe werden, kein Eintopf!« Ich versuchte, ihm die Vorzüge einer herzhaften Mahlzeit zu erklären, worauf er mich anbrüllte, mit so etwas würde ich eine sechshundert Jahre alte Tempeltradition zerstören. In diesem Moment kam zufällig der Zen-Meister in die Küche. Er schätzte die Situation sofort richtig ein und wusste genau, was zu tun war. Mit einem feinen Lächeln drehte er sich um und ging schnurstracks wieder hinaus!

Der oberste Mönch probierte etwas von dem, was er Eintopf nannte. Als er die Pilze sah, riss er die Augen auf. »Wo hast du die denn hergenommen?«, brüllte er. »Aus einer Schachtel dort auf dem Regal«, erwiderte ich. »Und wie viele hast du reingetan?« Nun, als Zen-Mönch soll man keine halben Sachen machen, nicht wahr? »Das sind extrem teure Matsutake!«, brüllte er. »Du hast ein halbes Vermögen in unsere Suppe geschnippelt!« Nun, dieses Essen haben wir wenigstens nicht im Garten vergraben.

So viel zum Leben im Reiun'in. Es war eine Art Zen-Sommerlager. Ein Rinzai-Ausbildungskloster wie der Shōfuku-ji ist eine andere Sache. Dort brach regelmäßig der harte Keisaku, »Stab des Mitgefühls« genannt, auf unserem Rücken, während eisige Winterkälte durch die weit offenen Fenster hereinwehte. Selbst wenn diese mal geschlossen waren, waren sie doch nur mit Papier bespannt. Zum Glück war ich wirklich verzweifelt, als ich dort ankam, denn ein echtes Zen-Kloster ist die allerletzte Zuflucht. Wer irgendeine Alternative hat, sollte sie vorziehen, vorausgesetzt, sie wirkt nicht destruktiv. Ein Lieblingsspruch von Richard De Martino lautete: Falls das Ich eine Fluchtmöglichkeit hat, wird es sie ergreifen. Ein Ausbildungskloster ist dazu konzipiert, solche Fluchtwege möglichst zu beschränken. Wenn man wirklich bereit dazu ist, sich selbst ins Gesicht zu blicken, ist es genau der richtige Ort.

Während meiner Zeit im Shōfuku-ji gingen wir an einem heißen Nachmittag einmal in die Berge oberhalb des Klosters, um Holz zu holen. Vor der Pause schickte ein höherrangiger Mönch mich zurück, um Tee und Süßigkeiten zu besorgen. Ich flitzte hinunter, bereitete den Tee zu und schleppte alles den Hang hinauf, nur um mit »Du kommst aber spät!« begrüßt zu werden. Ich verteilte Teetassen und Süßigkeiten und schenkte allen ein. Schließlich wollte ich mich hinsetzen und mir selber etwas eingießen, als einer der anderen brummig mehr verlangte. Nachdem ich allen nochmals eingeschenkt hatte, setzte ich mich endlich hin, weil ich einen Schluck bitter nötig hatte. Aber die Kanne war leer. Der zuständige Mönch rief:

»Die Pause ist vorbei – zurück an die Arbeit!« Einen Moment lang war ich stinksauer. Aber dann erkannte ich, welch wertvolle Gelegenheit das war, einen Blick auf das Selbst zu erhaschen, wie es gerade auf der Bildfläche erschien. Einen besseren Lehrer als so etwas gibt es nicht.

Was hilft es, den besten Lehrer der Welt zu haben, wenn wir unser Selbst nicht ablegen? Eine der bemerkenswertesten Aspekte der Zen-Praxis ist, dass ein echter Zen-Meister immer verhindert, vom Schüler zu »dem« Meister gemacht zu werden. In der authentischen Koan-Praxis muss jede Spur des Selbst fallen gelassen werden: Intellekt, Emotion und Wille. Der Meister aber bleibt, was er ist, eine scheinbar unüberwindliche Mauer, die darauf wartet, dass wir sie durch die vollständige Auflösung des Selbst durchdringen. Ein anderer Weg ist nicht vorhanden, deshalb bietet er auch keinen an. Es gibt kein größeres Mitgefühl als dies.

Als ich nach einem Jahr in den Tempeln des Myōshin-ji erste Erfahrungen gesammelt hatte, riet mir ein japanischer Freund, einen Meister aufzusuchen, der kurz zuvor das Ausbildungskloster des Tōfuku-ji im Südosten Kyotos wiedereröffnet hatte. Im Sommer 1982, ein Jahr nach meiner Ankunft in Japan, begegnete ich so zum ersten Mal Keidō Fukushima. Es stellte sich heraus, dass er wie ich ein Universitätsstudium absolviert hatte, bevor er im relativ späten Alter von 28 Jahren ins Kloster eingetreten war. Als er mir erzählte, er sei ein Schüler von Zenkei Shibayama, dem 1974 verstorbenen Meister des Nanzen-ji, waren die Würfel gefallen. Shibayamas Buch *Zu den Quellen des Zen,* ein klassischer Kommentar zum Mumon-kan, war eines der Bücher gewesen, die mich dazu gebracht hatten, nach Japan zu kommen.

Fukushima gestattete mir, mit den Mönchen im Kloster zu praktizieren und die formale Koan-Ausbildung zu absolvieren. Einige Jahre verbrachte ich einen Großteil meiner Zeit damit, gemeinsam mit den Mönchen zu meditieren. Nachts schlief ich im Gästezimmer neben dem Zendo. Damals konnte man sich als englischer Muttersprachler mit ein paar Wochenstunden Englischunterricht über Wasser halten.

Ich hatte mich entschieden, als Laie statt als Mönch zu praktizieren, denn ich hatte gesehen, dass es beim mönchischen Klosterleben zu einem erheblichen Teil um die Ausbildung zum Priester ging, also um das Erlernen von Ritualen und Zeremonien. Ein älterer, mit mir befreundeter Mönch, der lange in verschiedenen Klöstern gelebt hatte, bestärkte mich in meiner Entscheidung, warnte mich aber: »Wenn du das als Laie durchziehen willst, wirst du härter sitzen müssen als die Mönche.« Ich hatte schon fast meine Gesundheit und besonders meine Knie ruiniert, weil ich versuchte, die stundenlangen Sitzperioden und den Tagesablauf durchzuhalten, der das ganze Jahr über um drei Uhr morgens begann und erst um elf Uhr nachts endete. Noch härter zu sitzen kam mir schlicht unmöglich vor! Seit damals habe ich aber ein wenig mehr über das Leben als Mönch erfahren. Wichtiger noch, ich habe etwas über mich selbst erfahren. Mein Freund, der ältere Mönch, hat recht behalten.

Bald nach meiner Ankunft in Japan hatte ich mehrere Leute aus dem Westen getroffen, die einige Zeit in Zen-Klöstern verbracht, dann aber, abgestoßen von dem herrschenden Niedergang und der Scheinheiligkeit, aufgegeben hatten. Gut, solche Probleme gab es tatsächlich. Auf meine Frage, ob sie sich der Übung wirklich voll und ganz hingegeben hätten, kam jedoch meist die Antwort: »Wie hätte ich das in einer derart unguten Atmosphäre denn tun können?«

Deswegen schwor ich mir beim Eintritt ins Kloster, zehn Jahre lang den Mund zu halten und mich mit ganzem Herzen der Praxis zu widmen, ohne nach links oder rechts zu schauen. Das erwies sich als kluge Entscheidung. Im Dezember nahm ich immer an drei einwöchigen Sesshins teil: zwei im Kloster und eines bei der FAS, einer von dem Philosophen Shin'ichi Hisamatsu gegründeten Laiengruppe.

Bücher über Zen-Praxis zu lesen und in westlichen Zen-Zentren zu praktizieren, ist etwas ganz anderes, als in einem echten japanischen Kloster zu üben. Nach Kyoto sind schon viele gekommen, weil sie meinten, sie wären bereit, in Japan Zen zu üben – nur um nach ein paar Tagen im Kloster wieder ihre Koffer zu packen. Die monastische Disziplin hatte die naive Schwärmerei, die sie aus Zen-Büchern kannten, zertrümmert. In Wirklichkeit, so hatten sie herausbekommen, wollten sie viel lieber eine Radtour durch Tibet machen oder Shakuhachi spielen lernen!

Wohlgemerkt, an solchen Vorhaben ist nichts falsch. Wäre nicht übel, selbst eines Tages so etwas zu machen. Aber was ist aus der ursprünglichen Entscheidung geworden? Ein Zen-Kloster ist nicht der richtige Ort, um Flötespielen oder Kalligraphie zu lernen. Das kann man anderswo. Ein echtes Zen-Kloster ist der Ort, um sein Leben für den Dharma zu geben und ein für alle Mal dem Selbst auf den Grund zu gehen. Andernfalls vergeudet man dort nur seine Zeit.

Im Lauf der Jahre ist in mir allerdings der Respekt vor jenen immer mehr gewachsen, die zu Hause bleiben und ihre Praxis dort in die Tat umsetzen. In gewissem Sinne habe ich den leichteren Weg gewählt, als ich alles aufgab und mich nach Japan ins Kloster absetzte. Die Zen-Praxis im Westen ist im Wesentlichen Laienpraxis, auch wenn manche besondere Gewänder und andere Insignien tragen und versuchen, sich wie Asiaten zu benehmen. Eine solche Nachahmung ist jedoch ein reiner Anachronismus mit sektiererischen Zügen. Selbst in Japan ist Zen im Grunde keine monastische Praxis, da sich die Priester nicht strikt an die buddhistischen Prinzipien halten.

Eine authentische klösterliche Lebensweise im Westen zu entwickeln, ist durchaus wünschenswert. In erster Linie geht es jedoch um eine funktionierende Laienpraxis – das ist die Zukunft des weltweiten Buddhismus. Die Schwierigkeit der Laienpraxis liegt darin, ernsthaft zu beginnen. Wer allerdings bereit und willens ist, kann sich natürlich eine Zeit lang von ganzem Herzen einem echten Klosterleben widmen. So etwas ist eine wertvolle Gelegenheit, die man ergreifen sollte, wenn man will. Was man dabei erfahren hat, muss anschließend jedoch im Alltag lebendig werden, sonst handelt es sich um eine Flucht und blinde Nachahmung einer fremden Kultur. Mit der lebendigen Wahrheit hat das dann nichts zu tun.

Wer mit der Zen-Praxis beginnt, wird feststellen, dass die gedankliche Aktivität anfangs eher zu- als abnimmt. Das kann ziemlich frustrierend sein und manche dazu bringen aufzugeben. Daher ist es extrem wichtig, kontinuierlich und geduldig zu üben. Kenntnisse und Erfahrung in grundlegenden buddhistischen Meditationstechniken sind dabei unverzichtbar.

Die Grundlage für die Arbeit mit einem Koan ist die Fähigkeit, zuverlässig in tiefen Samadhi eintreten und es inmitten alltäglicher Tätigkeiten beibehalten zu können. Sonst kommt es (man möge mir den Ausdruck verzeihen) meist zu mentaler Masturbation – zu interessanten Gedanken, Gefühlen, Interpretationen, Einsichten und Erfahrungen, die überhaupt nichts mit dem Koan zu tun haben.

Mit dem Koan verhält es sich genauso wie mit Zazen an sich: Anfangs ist es unmöglich, sich vollkommen darin wiederzufinden. Je mehr wir jedoch von unserem eigenen brennenden Koan angetrieben werden, desto weniger können die unterwegs auftretenden Schwierigkeiten zu echten Hindernissen werden. Das Problem eines traditionellen, vorgegebenen Koans liegt darin, dass wir erst mit ihm arbeiten müssen, bevor es unser eigenes wird.

Wenn wir ganz in die Praxis eintauchen, lässt sich das Koan schließlich trotz aller Schwankungen des diskursiven Bewusstseins im Unterbauch nieder. Dann können wir uns gar nicht mehr von ihm trennen, selbst wenn wir es versuchen. Auch ein von außen vorgegebenes Koan muss ganz und gar zu unserem eigenen Selbst werden. An diesem Punkt weiterzumachen, an dem es keine Fluchtwege mehr gibt, ist eine Frage von großem Vertrauen und von Entschlossenheit.

Lasst die Frucht von selbst reifen, indem ihr ein gutes Leben führt und eine beständige Praxis entwickelt, ohne an deren Nutzen oder irgendwelche Ergebnisse zu denken. Lasst euch nicht von Einsichten und Erfahrungen beeindrucken, so erstaunlich sie euch auch erscheinen mögen. Macht nichts aus eurer Übung, euren Erfahrungen und euren Einsichten. Sie können inspirieren, aber auch in die Irre führen.

Wenn die Frucht reif ist, fällt sie von selbst vom Baum. Der Zeitpunkt ist nicht vorherbestimmt und kann nicht erzwungen werden. Und was geschieht, wenn sie herunterfällt? Sie dient einfach als Nahrung für andere.

Wie können wir denen, die uns den Weg gezeigt haben, jemals danken? Wie können wir das, was wir empfangen haben, weitergeben? Mit diesen Fragen habe ich mich einige Zeit herumgeschlagen. In Japan ist es Brauch, zu bestimmten Anlässen Geschenke zu überreichen. Das ist eine nette Geste, aber kaum genug. Außerdem brauchen solche Menschen so etwas am allerwenigsten, ganz zu schweigen davon, dass manche womöglich schon gestorben sind. Schließlich fiel mir die Antwort ein: Wir müssen uns umwenden und denen eine kleine Hilfe sein, die auf der Suche sind, so wie wir es einmal waren.

Vor einigen Jahren kam meine Zwillingsschwester Jean nach Kyoto zu Besuch. Ich nahm sie mit hinunter zum Kamo, dem Fluss, der durch die Stadt strömt. Wir nahmen die Urnen mit der Asche unserer verstorbenen Eltern mit und übergaben diese Asche dem Fluss, um sie gemeinsam ins Meer hinaustreiben zu lassen. Zu Lebzeiten waren unsere Eltern nicht imstande gewesen, über ihre bittere Scheidung hinwegzukommen. Nun war es an der Zeit.

Wenn ich auf mein Leben zurückblicke, staune ich darüber, wie viel Gutes mir zuteilwurde und wie viel Glück ich hatte. In den Sechzigern bin ich aufgewachsen, die Siebziger waren eine Zeit des Lernens, die Achtziger habe ich still im Kloster verbracht und in den Neunzigern habe ich begonnen, das Vermächtnis meines Lehrers weiterzugeben. Jetzt bin ich Professor an der mit dem Rinzai-Zen verbundenen Hanazono-Universität in Kyoto. Meine Hauptaufgabe ist es, Zen in der modernen Welt lebendig werden zu lassen. Ich habe eine japanische Frau, die mich bei dem, was ich zu tun versuche, unterstützt, einen zweisprachigen Sohn, der seinem Vater beim Zazen manchmal Gesellschaft leistet, und wunderbare Dharma-Freunde auf der ganzen Welt. Das alles ist ein wahrer Segen.

Zweifellos bin ich immer noch derselbe Holzkopf wie früher. Aber irgendwie kann ich jetzt damit leben.

ANMERKUNGEN

Für *Dukkha*, einen Grundbegriff des Buddhismus und Thema der Ersten Edlen Wahrheit, verwendet der Autor das Wortspiel *dis-ease*. Hier wird der Begriff mit *Miss-Behagen* wiedergegeben (Anm. der Redaktion).

1 Der Weg zum Eins-Sein

In seinem klassischen Werk: Siehe Walpola Rahula, *Was der Buddha lehrt,* Bern: Origo 1982, S. 92.

Wenn Huangbo vom »Einen Geist« spricht: Siehe John Blofeld, *The Zen Teaching of Huang Po: On the Transmission of Mind,* New York: Grove 1958, S. 29 f. und die deutsche Übersetzung: Huang-po, *Der Geist des Zen,* Hrsg. John Blofeld: München: O. W. Barth 2011, S. 43.

2 Licht in den Ursprung der Dinge bringen

Im Linji-lu: Frei nach Burton Watson, *The Zen Teachings of Master Lin-chi,* Boston/London: Shambala 1993, S. 61. Siehe auch Ruth Fuller Sasaki, *The Record of Linji,* Honolulu: University of Hawaii Press 2009, S. 28. Deutschsprachige Übersetzungen: Linji, *Das Denken ist ein wilder Affe: Die Lehren des großen Zen-Meisters,* Übers. Ursula Jarand. München: O.W. Barth 2015; Linji Yixuan, *Linji Yulu (Rinzai Roku): Worte eines Zen-Meisters.* Übers. Taro Yamada und Guido Keller, Frankfurt a. M.: Angkor 2015.

Stellt sich doch ein Gedanke ein: Aus der im 1. Kapitel behandelten Anleitung zur Zazen-Praxis.

Denkt an das erste der Vier Großen Gelübde: Diese Gelübde dienen im Zen als Grundlage der Praxis. Sie lauten: »Die Zahl der Wesen ist unendlich, ich gelobe, sie alle zu befreien. Illusionen entstehen unaufhörlich; ich gelobe, sie alle zu überwinden. Die Tore des Dharma sind zahllos; ich gelobe, sie alle zu durchschreiten. Der Weg des Buddhas ist ohnegleichen; ich gelobe, ihn ganz zu gehen.«

Wenn die Kultivierung (und folgende zwei Zitate): Aus der »Abhandlung über das höchste Fahrzeug«, die Hongren (jap. Gunin oder Kōnin, 601–674) zugeschrieben wird, ihre heutige Form aber wahrscheinlich wesentlich später erhalten hat. In: Thomas Cleary, *Minding Mind: A Course in Basic Meditation,* Boston: Shambala 1995; deutsche Ausgabe *Das Auge des Geistes: Vom Einstieg in die Basis-Meditation.* Übers. Konrad Dietzfelbinger, Berlin: Ullstein 1998.

3 Lasst alle Bedingungen los

Der Legende nach werden diese Anweisungen dem chinesischen Zen-Meister Baizhang Huaihai (jap. Hyakujō Ekai, 720–814) zugeschrieben, bekannt als Begründer der Mönchsregeln im Zen und für seinen Ausspruch: »Ein Tag ohne Arbeit ist ein Tag ohne Essen.«

Zumindest was die Anweisungen in ihrer heutigen Form angeht, stammen sie jedoch mit größerer Wahrscheinlichkeit von dem wenig bekannten chinesischen Zen-Meister Changlu Zongze (jap. Chōro Shūjaku, gest. um 1107), der auch Schriften über das Reine Land verfasst hat. Ordiniert wurde er von Fayun

Yuantong (jap. Houn Entsu, 1027–1090), der im fünften Abschnitt unseres Textes erwähnt wird. Changlus Ehrentitel bedeutet wörtlich »Zen-Meister des mitfühlenden Erwachens«.

Bei meiner Arbeit habe ich frühere englische Übersetzungen und Interpretationen zurate gezogen, darunter das Kapitel von Carl Bielefeldt in *Traditions of Meditation in Chinese Buddhism*, herausgegeben von Peter N. Gregory (Honolulu: University of Hawaii Press 1986), Carl Bielefeldt: *Dōgen's Manuals of Zen Meditation* (Oakland: University of California Press 1988) sowie Thomas Cleary: *Minding Mind. A Course in Basic Meditation* (Boulder: Shambhala, 1995), S. 16–19.

Berg Meru: auch *Sumeru*, Weltenberg im Zentrum des Universums.

Tiantai Zhiguan (jap. *Tendai Shikan*) von Zhiyi (jap. Chigi, 538–597), dem Begründer des Tiantai- (jap. Tendai-) Buddhismus.

Guifengs »Anweisung zu Kultivierung und Verwirklichung«: von Guifeng Zongmi (jap. Keihō Shūmitsu, 780–841), vollständiger Titel »Eine Anweisung zu Kultivierung und Verwirklichung der rituellen Praxis laut dem Sutra der Vollkommenen Erleuchtung«, entstanden 823/24.

Wir sollten uns daher lieber: Boshan, *Great Doubt: Practicing Zen in the World.* Übers. und Einführung Jeff Shore, Somerville, MA: Wisdom 2016.

4 Eins sein – frei sein vom Selbst

Schon im Pali-Kanon: siehe die Bahiya-Sutta, Nr. 1,10 im Udana der Khuddaka-Nikaya in der Suttapitaka.

Zwei Geschichten aus dem Pali-Kanon: Zum »Himmelswanderer« siehe die Rohitassa-Sutta in der Anguttara-Nikaya, zu Angulimala die Angulimala-Sutta, Nr. 86 der Majjhima-Nikaya in der Suttapitaka.

In der Zen-Literatur heißt es: Siehe Victor Sogen Hori, *Zen Sand,* Honolulu: University of Hawaii Press 2003, S. 432 und 613.

Dōgen sagt dazu: Siehe Carl Bielefeldt, *Dogen's Manuals of Zen Meditation,* Berkeley: University of California Press 1988, S. 177.

Wie in der Mahaparinibbana-Sutta: Nr. 16 der Digha-Nikaya in der Suttapitaka des Pali-Kanons.

6 Das Unbedingte

»Dies (das Unbedingte)«: Sinngemäß nach dem Udana VIII,3 in der Kuddaka-Nikaya der Pali-Kanons.

Diese Sätze stammen aus: Augustinus, *Bekenntnisse,* 7. Buch, 7. Kapitel.

Zum Beispiel fragt ein Mönch namens Echō: Aus dem 7. Fall der Koan-Sammlung *Biyan Lu* (jap. *Hekiganroku*).

»Drei Pfund Leinen«: Aus dem 18. Fall der Koan-Sammlung *Wumenguan* (jap. *Mumon-kan*) und dem 12. Fall des *Biyan Lu.*

»Ein trockenes Stück Scheiße«: Aus dem 21. Fall des *Wumenguan.*

»Wenn es einen Grund dafür gibt«: Siehe erste Anm. zum 3. Kapitel: Fuller Sasaki, S. 28 bzw. Watson, S. 61.

»Jener Baum im Garten«: Aus dem 37. Fall des *Wumenguan.*

Ah, Kōnan im Frühling: Aus dem 24. Fall des *Wumenguan.*

Der Feuergott sucht Feuer: Siehe die 16. Frage in Dōgens *Bendowa.*

Die Erfahrung des Kensho: Isshū Miura und Ruth Fuller-Sasaki, *Zen Dust: The History of the Koan and Koan Study in Rinzai (Linchi) Zen,* New York: First Zen Institute of America 1966, S. 38.

Der Ausdruck beschreibt: Ebd. S. 231.

Wasser aus einem Kessel: Zenkei Shibayama, *Comments on the Mumonkon,* New York u.a: Harper & Row 1974, S. 60.

Die Einsicht, die der des Meisters: Siehe erste Anm. zum 3. Kapitel, Fuller Sasaki, S. 47.

Die drei Welten: Miura/Fuller-Sasaki, *Zen Dust,* S. 230.

Sehen wir uns schließlich noch an: Siehe Urs App (Hrsg. und Übers.), *Zen-Worte vom Wolkentorberg: Darlegungen und Gespräche des Zen-Meisters Yunmen Wenyan (864–949),* Bern u.a.: Barth 1994.

Der Zen-Forscher John McRae: John McRae, *The Northern School and the Formation of Early Ch'an Buddhism,* Honolulu: University of Hawaii Press 1987, S. 78.

Du kannst deinen Geist: Siehe erste Anm. zum 3. Kapitel, Fuller Sasaki, S. 28 bzw. Watson S. 61.

Als Huangbo den Dharma an Linji »überträgt«: Siehe erste Anm. zum 3. Kapitel, Fuller Sasaki, S. 46 f.

Wer hätte gedacht: Ebd. S. 51.

Wenn ich heutzutage aufmerksam: Nach Michel Mohr, »Zen Buddhism During the Tokugawa Period: The Challenge to Go Beyond Sectarian Consciousness«, *Japanese Journal of Religious Studies* 21,4 (1994), S. 363.

Trotz Dōgens guten Absichten: William Bodiford, »Dharma Transmission in Soto Zen«, *Monumenta Nipponica* 46, 4 (1991), S. 451.

Der Charakter des sektiererischen Bewusstseins: Michel Mohr, »Zen Buddhism«, S. 358.

Schon im neunten Jahrhundert: Ren Jiyu, »A Brief Discussion of the Philosophical Thought of Chan Buddhism«, *Chinese Studies in Philosophy* 15, 4 (1984), S. 23 f.

In einem frühen Kommentar: Siehe Jan Nattier und Charles Prebish, »Mahasamghika Origins: The Beginnings of Buddhist Sectarianism«, *History of Religions* 16, 3 (Februar 1977), S. 254.

9 Der Ursprung des Zen

Yasa war der Sohn eines Kaufmanns: Die Geschichte von Yasa findet sich in der Mahavagga I,7 der Vinayapitaka des Pali-Kanons.

Jetzt herrscht Frieden: Aus dem 41. Fall des *Wumenguan* (jap. *Mumon-kan*).

Wer bindet dich? Siehe Isshū Miura und Ruth Fuller-Sasaki, *Zen Dust: The History of the Koan and Koan Study in Rinzai (Lin-chi) Zen,* New York: First Zen Institute of America 1966, S. 300–302.

Mu: Siehe den 1. Fall des *Wumenguan.*

Wenn wir auch nur einen Augenblick: Nishida Kitarō, »On the Doubt in Our Heart«, *The Eastern Buddhist* XVII, 2 (1984), S. 9.

Der japanische Zen-Meister Bankei: Norman Waddell (Hrsg.), *The Unborn: The Life and Teaching of Zen Master Bankei,* San Francisco 1984, S. 130; siehe auch *Die Zen-Lehre vom Ungeborenen: Leben und Lehre des großen japanischen Zen-Meisters Bankei Eitaku (1622–1693).* Übers. Jochen Lehner, Bern u.a. 1988, S. 143.

Lew Tolstoi schreibt: Leo N. Tolstoi, *Meine Beichte.* Übers. Raphael Löwenfeld, München: Diederichs 1990, S. 48 f.

In seinen Briefen an einen jungen Dichter: Rainer Maria Rilke, *Werke,* kommentierte Ausgabe, Band 4, Frankfurt a. M.: Insel 1996, S. 524.

Stephen Nachmanovitch

FREE PLAY

Kreativität geschehen lassen

»Wie lernt man Improvisation? Die einzig mögliche Antwort besteht aus einer Gegenfrage: Was hält uns davon ab? Spontanes Schaffen kommt aus unserem tiefsten Wesen, es ist unser ureigenstes Selbst.«
Stephen Nachmanovitch

Für alle, die mit ihren kreativen Kräften in Berührung kommen wollen, und für alle, die verstehen wollen, aus welcher inneren Quelle Kreativität eigentlich fließt.

»Genau so funktioniert Improvisation!
Nachmanovitch erzählt es so, wie es ist.
Das wichtigste Buch über Improvisation,
das ich je gelesen habe.«
Keith Jarrett